Y BACHGE

ROGER BOORE

Y BACHGEN
GWYLLT

DREF WEN

UNED IAITH GENEDLAETHOL CYMRU

Cyhoeddwyd dan nawdd
Cynllun Llyfrau Darllen
Cyd-bwyllgor Addysg Cymru.

Mae Roger Boore wedi datgan ei hawl
i gael ei adnabod fel awdur y gwaith hwn yn unol â
Deddf Hawlfraint, Dyluniadau a Phatentau 1988.

Cyhoeddwyd gan Wasg y Dref Wen,
28 Ffordd yr Eglwys,
Yr Eglwys Newydd, Caerdydd CF4 2EA
Ffôn 01222 617860.

Argraffwyd ym Mhrydain.

CYNNWYS

1. Y CWM A'R MYNYDD

Prynhawn Gwener yn y dosbarth: amser peryglus. Roedd heulwen haf, yn boeth ac yn euraid, yn ein galw tua'r caeau.

Roedd Mrs Morgan, wrth reswm, ar ei gwyliadwriaeth. Trwy'r wythnos bu hi'n ein rheoli'n hawdd, â'i llygaid oer a'i geiriau miniog. Ond ar brynhawn Gwener roedd hi'n disgwyl strach, ac yn barod i ddisgyn fel hebog ar unrhyw ddrwgweithredwr.

Gallai plant y cwm fod yn wyllt, rhai ohonynt. Ond Siân a Dai a minnau, plant y mynydd, oedd wylltaf, pan ddewisem fod. Roedd gan Siân a Dai ddawn arbennig at greu helbul; fy ngwaith i oedd cadw'r heddwch rhwng y ddau.

"Gwen," sibrydodd Siân, "rho'r teclyn 'na imi."

Sôn yr oedd hi am declyn gwneud-sŵn-fel-gwich-esgid a gafodd yn fenthyg o Siop Hud ei thad. Fi oedd yn gofalu am y peth am fy mod mor ddiniwed.

Draw ymhlith y bechgyn, gwelwn Dai wrthi'n rhwbio cyhyrau'i wyneb. Wyneb go anghyffredin sydd ganddo; yn fawr, yn ddoniol, yn dwp (medd rhai), ac yn ystwyth fel lastig; wyneb anhygoel am dynnu gwep.

Roedd Siân a Dai yn bwriadu codi helynt. Doedd Mrs Morgan ddim yn gwybod hynny eto.

Roedd pawb arall yn y dosbarth â'i feddwl ar y gloch, a fyddai'n canu ymhen ugain munud i gyhoeddi'r pen-wythnos. Bob eiliad roedd 'na fwy o sibrwd, symud traed

7

a chrafu cadeiriau. Cyn hir byddai Mrs Morgan yn dechrau prowlan ar hyd llwybrau'r dosbarth i gadw trefn.

Nawr daeth y foment honno. Cododd Mrs Morgan o'i desg; ac wrth i'w hesgid wasgu'r llawr, dyma "wich".

Siân achosodd y sŵn, ond fuasai neb wedi credu hynny, a hithau mor bert a deallus, a'i gwallt mor felyn a hir, a'i llygaid mor astud ar y llyfr o'i blaen. Anaml y câi Siân ei beio am unrhyw ddrygioni.

Troediodd Mrs Morgan rhwng y desgiau, yn dal ac yn denau fel crëyr glas mewn corstir, a'i gwddf hir yn ymestyn dros ein gwaith yn sbio am wallau. Ac wrth iddi fynd, dyma "gwich, gwich, gwich".

Roedd pawb yn clywed y wich ond Mrs Morgan ei hun. Yna clywodd hithau. Safodd ac edrych ar ei hesgidiau yn amheus, a gallwn weld y meddyliau'n gwibio ar draws ei hwyneb: Beth oedd yn bod ar y sgidiau?...Buont yn iawn tan hyn, on' do?...Tybed a oedd rhywun yn cael hwyl am ei phen?...

Aeth hi'n ôl i flaen y dosbarth. "Gwich, gwich, gwich." Roedd y sŵn yn uwch yn awr, a'r plant i gyd yn cilwenu y tu ôl i'w dwylo.

"Ewch ymlaen â'ch gwaith!" cyfarthodd Mrs Morgan. Yna, yn llechwraidd, y tu cefn i'w desg, tynnodd hi bâr sbâr o esgidiau o'i chwpwrdd bach, a'u gwisgo. Wedyn dechreuodd gerdded yr ystafell eto.

"Gwich, gwich, gwich, gwich."

Roedd Mrs Morgan yn gwybod bellach fod brwydr ar ei dwylo. Gallai un pâr o sgidiau droi'n wichlyd, hwyrach, ond dau? Rhaid mai un o'r plant oedd yn peri'r sŵn; a rhaid oedd darganfod pa un. Dechreuodd Mrs Morgan grwydro'r dosbarth o ben bwy gilydd, gan esgus edrych ar ein llyfrau, tra mewn gwirionedd yn clustfeinio am ffynhonnell y wich.

Ond roedd Siân yn rhy gyfrwys iddi. Bob tro y deuai Mrs Morgan yn agos atom, distawai'r wich. A phob tro yr âi hi'n bell, distawai'r wich eto. Ni wyddai Mrs Morgan ble i droi. Cerddai yma a thraw yn ddiamcan. "Gwich, gwich, gwich."

Ond yn sydyn dyma newid cywair. Llifodd ton o chwerthin trwy'r dosbarth. Chwerthin am ben Dai yr oeddem ni, a hwnnw newydd ddechrau fflapio'i glustiau – eu fflapio'n araf, urddasol fel adenydd gwylan. Ond tybiodd Mrs Morgan mai'r wich oedd yn achosi'r chwerthin, ac mai rhywbeth yn llaw rhywun oedd yn peri'r wich; felly ni chododd ei llygaid, ac ni welodd hi mo'r clustiau hedegog.

Daeth ail don o chwerthin. Roedd Dai wedi newid ei wep. Roedd ei aeliau'n llethru i fyny o'r chwith i'r dde, a'i geg o'r dde i'r chwith, fel bod un llygad dan ei wallt a'r llall wrth gornel ei wefus. Edrychai'n hunllefus. Dim rhyfedd fod tinc o ddychryn yn y chwerthin.

"Distawrwydd!"

Chwiliodd Mrs Morgan yn ffyrnig o'i chwmpas, ond erbyn iddi weld Dai, roedd hwnnw'n gwisgo'i wyneb bob dydd eto. Cerddodd Mrs Morgan i gefn y dosbarth i gael safle gwahanol i'n gwylio. Ond erbyn hyn roedd y wich yn fyddarol, yn ymylu ar fod yn sgrech, a phob cam yn boendod iddi.

Nawr dyma ffrwydrad arall o chwerthin. Roedd Dai wedi tynnu ei wefus isaf i fyny dros ei drwyn, ac roedd ei lygaid yn araf groesi, datgroesi, a chroesi drachefn, ac ar yr un pryd yn rholio yn eu tyllau. Roedd ei olwg mor arswydus, methai rhai o'r plant ag edrych.

Ni allwn benderfynu a oedd Dai a Siân yn cydweithio â'i gilydd i gynyddu'r helynt neu'n cystadlu i weld pwy allai godi'r helynt fwyaf. Ta waeth am hynny, rhyngddynt roeddynt wedi gyrru Mrs Morgan i ben ei thennyn. Roedd hi'n sefyll â'i chefn at y wal, wedi drysu. Ymhen eiliad, mae'n siŵr gen i, buasai wedi dod ati'i hun a chosbi'r dosbarth cyfan. Ond cyn i hynny ddigwydd, canodd y gloch, gan ei gollwng hi adref at Mr Morgan, sut un bynnag oedd e, a ninnau allan i ryddid hwyrddydd o haf.

Aeth Siân a Dai a minnau adref gyda'n gilydd, yn ôl ein harfer. Bu'n brynhawn hwyliog, ond dylai'r diwetydd fod yn well.

Wrth inni gychwyn dros y maes chwarae, gwelsom Mrs Morgan ar y buarth yn cwyno wrth Mr Davies y prifathro. Ond ni allai ein cyhuddo ni o ddim, na allai?

O'n blaen codai'r mynydd, tan fantell o goed. O gylch y mynydd, fel gwregys, rhedai lôn. Ac wrth fin y lôn, fel bwcl ar y gwregys, safai rhes o dri thŷ, gyda thoeau llechi, muriau carreg, a gerddi'n gorwedd ar y rhiw fel barclod. Dyna'n cartrefi; Siân oedd yn byw yn y tŷ uchaf, fi yn y canol, a Dai yn yr isaf. Os byth y pwysai bywyd ysgol arnom, gallem godi'n llygaid i'r mynydd, a gweld ein cartrefi a'u neges o ddiddanwch.

Gadawsom dir yr ysgol drwy'r glwyd yn y gwrych, a dechrau dringo'r llwybr; heibio i'r cae gwenith, dros y gamfa, ac i fyny'r ffridd.

Gwaith poeth oedd dringo yn yr haul; felly cyn cyrraedd pen y ffridd aethom – fel y gwnaem yn aml – i orffwys ar y garreg wastad. Ymhell islaw gallem weld y cwm yn dolennu rhwng ein llethrau ni a'r bryniau moel gyferbyn.

Nid bob amser y gallwch weld y cwm o'r garreg. Weithiau bydd yn llenwi â mwg a niwl, a ninnau'n eistedd ar y garreg megis ar ymyl sosban, yn edrych i lawr ar botes llwyd byrlymus.

Ond heddiw roedd gwaelod y cwm i'w weld yn glir, yn llawn tai a gweithfeydd a heolydd prysur. Ar hyd-ddo, fel tair neidr yn ceisio tagu ei gilydd, gweai'r briffordd, y rheilffordd a'r afon. Ac roedd y cyfan yn breuddwydio yn yr haul.

Roedd pob math o ddwndwr a chlindarddach yn codi o weithgareddau'r cwm; ond ni chlywem ni, yn ein lle uchel, ond sibrwd tenau fel chwyth cysgadur.

Ar ôl te aethom am dro yn y goedwig. Mae honno'n dechrau'n union uwchben ein tai ni, ac yn estyn dros y llethrau am filltiroedd, yn wyllt a distaw. O'i gweld o'r cwm, gallech gredu mai dim ond coed sydd ynddi, yn dynn wrth ei gilydd fel milwyr mewn parêd. Ond y gwir yw bod ganddi glogwyni, nentydd, llennyrch a phob amrywiaeth, a lliaws o lwybrau fel llinellau'ch llaw. Mae ambell fwthyn yn llechu yno hefyd, a'u goleuadau yn y nos fel sêr.

Lle hudolus yw'r goedwig, a bu tylwyth teg a gwrachod yn byw ynddi gynt, yn ôl y straeon. Pobl od sy'n byw ynddi heddiw, o ran hynny; ac mae plant y cwm yn ofni mentro iddi.

Cerddasom i ben un o'r twyni, a dringodd Dai goeden neu ddwy. Yna buom yn chwilio am bysgod mewn nant; ac wedi hynny roedd oriau eto i fynd tan fachlud haul.

"Awn i sbio ar John Cawr," awgrymodd Dai.

"Neu Jane Hughes," meddai Siân.

"Neu'r ddau, pam lai?" ebe fi.

Aethom ling-di-long tua Chnwc-y-rhosyn, cartref John — nid tŷ, gyda llaw, ond ogof. Mi roedd 'na dŷ unwaith, yn ôl Mam, ac ogof yn nhop yr ardd. Ond syrthiodd y tŷ, a defnyddiodd John y cerrig i godi wal ar draws ceg yr ogof, gyda drws a ffenestr fach; ac yn yr ogof y bu'n byw ers blynyddoedd.

Erstalwm, pan oeddem yn fach, bu Siân a minnau'n eithaf ffrindiau â John am gyfnod. Aem i Gnwc-y-rhosyn i gynnig blodau iddo, a byddai yntau'n codi tai chwarae inni o foncyffion coed. Ond pan glywodd Mam am hyn, dywedodd fod John yn ddyn peryglus, ac na ddylem fynd yn agos ato eto. Felly'r tro nesaf iddo godi ei law arnom, rhedasom am ein heinioes i guddio.

Roedd yn wir bod straeon erchyll ar led am John Cawr a'i nerth rhyfeddol. Unwaith, pan ymosododd tarw arno ar lethrau'r mynydd, lladdodd John y creadur ag un dyrnod dan ei ên, cyn cario'r corff adre dros ei ysgwydd. Toc daeth perchennog y tarw gyda Sarjant James o heddlu'r cwm i hawlio'r corff yn ôl. Ond cododd John y ddau gerfydd eu coleri a'u plygu dros gangen uchel, fel blancedi'n sychu ar lein; a buont yno am hanner awr nes iddo eu cymryd i lawr. Ar ôl hyn ni feiddiai'r ffermwr fynd â John i'r llys, ac ni feiddiai Sarjant James ei restio; a chafodd yntau lonydd i fwynhau'r ysbail.

Dro arall dymchwelodd car ar y briffordd, gan gaethiwo pen y gyrrwr yn sownd odano; roedd y gyrrwr yn ddianaf, ond ni fentrai neb geisio ei ryddhau, rhag ofn i'r car lithro a gwasgu ei ben fel mefusen. Dyna'r pryd yr aeth Sarjant James yr eilwaith i Gnwc-y-rhosyn, a daeth John i lawr a chodi'r car ymaith mor dwt a diogel â chaead tebot. Ond wedi hyn, yn rhyfedd ddigon, bu mwy o'i ofn ar yr ardal nag o'r blaen.

Wrth inni dyfu, magasom ddigon o ddewrder i wylio John yn ddirgel weithiau, gan obeithio ei weld yn cyflawni rhyw gampau goruwchddynol megis plycio coed o'r ddaear neu gario creigiau anferth. Ond byddem bob amser yn ofalus i gadw o'r golwg.

Heno roedd John Cawr yn gweithio yn ei ardd. Gwelem rhwng y coed ei gefn cyhyrog, yn llydan fel cefn bws; dwy fraich, yn hir a nerthol fel braich jac-codi-baw; a chawodydd o bridd yn tasgu drwy'r awyr. Roedd John yn palu'r ardd â'i ddwylo noeth. Ymhen ychydig aeth i mewn i'r ogof, bron ar ei bedwar am fod y drws mor isel; ac aethom ninnau i'n hynt.

Ar ôl tua milltir cwrddodd y llwybr o Gnwc-y-rhosyn â llwybr ehangach, a arweiniai at dŷ Jane Hughes. Bob yn ddecllath ar hyd ochr hwn roedd 'na gerrig llwydion wedi'u gosod, er mwyn dangos y ffordd i deithwyr yn y nos.

Unwaith erstalwm cymerodd fy nhad y llwybr hwn.

Roedd ar Mam ryw salwch na fedrai'r meddyg mo'i wella, ac un noson aeth fy nhad allan gan ddweud ei fod am fynd i'r goedwig. Dychwelodd yn hwyr â blwch bach o eli, a chyn hir roedd Mam yn holliach eto...

Safodd Siân yn sydyn, gan bwyntio at y llawr. Gwelsom drywydd o ddafnau gwaed, yn wlyb ac yn loyw. Cyn hir dyma oddiweddyd mochyn daear yn llusgo'i hun yn boenus ar hyd y llwybr, a'i droed blaen wedi plygu dano, a rhesi gwyn ei wyneb yn goch i gyd. Ni allem ei helpu, ac ni thrafferthodd yntau amdanom ni, dim ond dygnu 'mlaen yn araf ar ei siwrnai.

Bob yn dipyn âi'r fforest yn fwy trwchus a'r ffordd yn dywyllach. Yna daethom at lannerch, gyda choed uchel fel muriau o'i chwmpas. Ar ganol y llannerch safai bwthyn isel, gwyngalchog, a rhosynnau'n dringo'n ffri at y to gwellt: cartref Jane Hughes.

Aethom i guddio yn y prysgwydd. Roedd y llannerch ei hun yn gwbl lonydd, ond ar bob cangen o'r coed clwydai adar a mwy o adar, a'u trydar afreolus yn blino'r clustiau.

"Edrychwch!" meddai Dai. Roedd y mochyn daear yn hercian i fyny llwybr yr ardd. Gwthiodd ddrws y bwthyn ar agor â'i drwyn gwaedlyd a chropian i mewn.

Edrychais yn hiraethus ar yr ardd. Roedd hi'n llawn llysiau anghyfarwydd, peraroglus; rhai'n llwyd, rhai'n lliwgar, rhai'n ddinod, rhai'n ddeiliog braff. Yn eu mysg, er bod yr haf yn ei anterth, blodeuai briallu a chlychau'r gog. Roedd 'na berllan fach lle disgleiriai afalau ac orenau megis lampau; ac roedd y llwyni'n frodwaith o fafon a mwyar duon ac aeron o bob rhyw.

Agorodd drws y bwthyn, a daeth y mochyn daear allan. Ffroenodd yr awyr hwyrol, a diflannu ar garlam i'r coed.

Sylwais fod cân yr adar wedi distewi'n llwyr.

Yna agorodd y drws eto, a daeth hen wraig bitw fach i'r golwg, yn gwisgo capan du am ei phen a sgert ddu at ei thraed. Roedd hi'n dal ffedog wen lydan ar agor o'i blaen; fe'i siglodd, gan wasgaru briwsion hyd y llawr.

Yn un cwmwl gwyllt o adenydd a phigau, disgynnodd yr adar wrth draed Jane Hughes, ac ar ei breichiau a'i hysgwyddau, yn sgrechian ac yn llowcio'r bwyd. Gofalodd hithau fod pob un yn cael ei siâr.

Yn ddisymwth trodd yr hen wraig ei phen tuag atom. Nid oedd modd iddi ein gweld, gan mor ddwfn oeddem yn y mangoed. Ond eto roedd ei llygaid fel petaent yn treiddio trwom. Sleifiasom yn ôl mewn braw, yna rhedeg ymaith nerth ein traed.

Roeddem ar fin dod allan i'r lôn, chwarter milltir o'n cartrefi, pan gawsom brofiad annymunol.

"Oes rhywun yn ein dilyn?" sibrydodd Siân yn sydyn.

Safasom a gwrando. Oedd, roedd 'na ryw siffrwd hynod

15

ymysg y coed, a allasai fod yn sŵn traed; ond tawodd chwap.

"Welwch chi rywbeth?" meddai Siân eto. Tybed a giliodd rhyw gysgod rhwng y dail? Ond roedd hi'n nosi bellach, ac yn anodd gweld.

Aethom yn eithaf brysiog weddill y ffordd i'n tai.

2. Y LLEIDR

Cawsom brofiadau tebyg sawl tro yn ystod y dyddiau nesaf. Ar fin y goedwig, neu ar y ffordd i'r ysgol, byddem yn clywed sŵn traed, neu yn synhwyro cysgod yn symud ar gwr ein golwg. Yna byddem yn rhuthro at y lle, ond erbyn cyrraedd ni fyddai dim i'w weld ond brigyn yn dal i grynu neu laswellt yn gorwedd ar gam. Cyn hir dechreuodd y peth bwyso ar ein meddwl, nes inni hanner ofni mynd allan o'n tai.

Yna dechreuodd rhywun ddwyn llysiau o'n gerddi. Bob nos diflannai rhes o foron, neu goflaid o ffa neu fefus aeddfed. A phob bore, wedi gweld y golled, byddai'n tadau'n dod at eu brecwast yn fwy ac yn fwy sarrug a byr eu tymer.

Bu lladron yn boendod i'n cylch ni erioed, mewn gwirionedd; yn dwyn llaeth o'r drws neu ddillad o'r lein – dillad Dai gan mwyaf. Un pen-blwydd collais chwech o ddoliau pren, anrheg newydd, o'r lawnt o flaen y tŷ. Dro arall collodd Dai bâr o esgidiau tra'n gwlychu ei draed mewn nant. Ond roedd y lladrata newydd yn gyson a phwrpasol.

Garddwyr pybyr yw ein tadau, bob un, yn gwirioni ar eu cnydau bach. Felly penderfynasant wylio am y lleidr. Bob nos byddai un o'r tri yn ymsefydlu wrth ffenestr gefn ein tŷ ni – gan mai'r un canol ydyw – gyda gwrthban, brechdan a fflasg o goffi, ac yn sbio'n slei rhwng y llenni tan y wawr.

17

Ond rhwng arllwys y coffi a gorffwys eu llygaid, ni welodd neb ohonynt ddim. A daliai'r llysiau i gerdded.

Felly un nos Sadwrn cymerodd Siân a Dai a minnau dro i wylio yn fy stafell wely. Trefnasom fisgedi, pop a fflachlamp ar sil y ffenestr o'n blaen.

Tua hanner nos sibrydodd Siân, "Edrychwch, fan'na, dan y pren 'falau!"

Yn llewyrch y lleuad ni allem weld dim yn glir. Roedd yr ardd fel llun negatif ohono'i hun, y tywyll a'r golau wedi cyfnewid lle. Ond yn gathaidd, llechwraidd, roedd rhywun yn symud yno.

"Dewch!" meddai Siân. Stwffiais y fflachlamp i boced fy jîns, a rhuthrasom i lawr y staer, gan agor drws y cefn â bysedd gofalus, fel tynnu ceiniog o fochyn tsieni. Ond ar y glaswellt, dan y coed, ymysg y blodau a'r llysiau a'r llwyni, ni welem na lleidr na neb.

Aethom i flaen y tŷ. Ac yno gwelsom rywun yn pellhau i fyny'r lôn, hanner canllath i ffwrdd. Roedd yn denau o gorff a dim talach na ni, a cherddai'n heini ar ganol y ffordd, heb boeni dim am guddio.

Aethom ar ei ôl, gan hanner rhedeg yng nghysgod y clawdd. Ein pryder pennaf oedd y dail crin dan draed, a grensiai fel creision; ond yn amlwg nid oedd y lleidr yn eu clywed.

Yn ddisymwth diflannodd y lleidr i'r fforest. Pan ddaethom i'r lle, ni welem ond bwlch yn y clawdd a llwybr pridd yn suddo'n syth i'r tywyllwch.

Oedasom yno am ychydig, yn siomedig.

"Cystal inni fynd adre," ebe fi toc.

"Na!" meddai Dai. "Awn ar ei ôl e!"

"Ddown ni byth o hyd iddo yn fan'na!" ebe fi.

Ond ar hynny clywsom siffrwd yn nail crin y goedwig, ychydig lathenni oddi wrthym.

"Dewch!" sibrydodd Siân yn gynhyrfus. "A dim rhagor o siarad, rhag iddo'n clywed ni. A Gwen – paid cynnau'r fflachlamp!"

Cychwynasom ar hyd y llwybr pridd. Gyda phob cam âi'r cysgodion yn dewach.

Daethom i'r fan o le daeth y siffrwd, fel y tybiem. Ond ni welem yno ond düwch y nos a düwch dyfnach boncyffion y coed; a bwlch y lôn yn glwt goleuni o'n hôl.

Gwrandawsom yn astud; a chlywed distawrwydd.

Ond dyna siffrwd arall yn y carped dail, ugain llath o'n blaen efallai.

Cychwynasom o'r newydd, un ar ôl y llall, a Dai ar y blaen yn estyn ei freichiau fel dyn dall.

Cyffyrddodd rhywbeth â'm gwallt, brigyn efallai. Gwichiais, a chodi fy llaw yn garcus, fel abwydyn yn sbecian o'i dwll i weld a oes mwyalchen yn agos.

"Taw!" gorchmynnodd Siân.

Wedi'r ugain llath, unwaith eto nid oedd dim i'w weld; ac roedd y clwt goleuni wedi diflannu.

Ond clywsom y siffrwd eto, yn ein denu ymlaen.

Dilynasom yn ufudd; ond nawr, wrth inni gripian rhwng y coed du, distaw, roedd rhyw ias ofnus yn cerdded asgwrn fy nghefn. Gallai'r gelyn fod wrth fy ochr yr eiliad hon, gyda chyllell, neu linyn tagu...

Pa bryd y troesom oddi ar y llwybr, tybed? Bellach roeddem yn troedio dros foncyffion syrthiedig a thrwy bantiau bach lleidiog. Cydiai mieri yn fy jîns. Pesychais ar arogl chwerw hen ddail pydredig ac ar awyr laith y fforest.

Roedd y canlyn hwn yn wallgof! Dylem droi am adre. Ond sut y caem hyd i'r ffordd?

Aethom trwy lennyrch agored lle roedd y glaswellt yn wyn gan loergan, a thrwy gysgodion pygddu dan ganghennau plethedig. Crwydrai'r siffrwd i'r chwith, i'r dde, yn bell, yn agos.

Yna tawodd.

Yr unig sŵn oedd chwythiad yr awel ym mrigau ucha'r coed, yn oer ac yn ysgafn fel anadl sêr.

Ond dyna'r siffrwd eto; yn union o'n blaen.

Ac eto, lathen o'n hôl.

Gwasgasom wrth ein gilydd mewn braw, gefn wrth gefn, bob un yn wynebu allan. Cydiodd Siân yn fy llaw.

Yna clywsom y siffrwd am y tro olaf, ar gangen anweledig uwch ein pennau. Wrth inni godi'n llygaid syn i edrych, disgynnodd gwe...rhwyd...yn ysgafn drosom. Glaniodd traed yn y glaswellt gerllaw. Ac wrth inni grafangio am ffordd allan o'r rhwyd, dawnsiai'r traed mewn cylchoedd chwim o'n cwmpas, a rhaff yn dilyn y traed, gan ein clymu'n dwt am ein canol fel tri asbaragws mewn ffenestr siop.

Am foment wnes i ddim ymateb, dim ond synhwyro.

Teimlwn y rhaff yn gwasgu am fy mol a'm penelinoedd. Roedd Siân a Dai yn ymdrechu i'w rhyddhau eu hunain, gan fy mhrocio'n lletchwith yn fy nghefn a'm hochrau. Cyffyrddodd fy mysedd â'r rhwyd, a chanfod cortyn wedi'i wneud o ryw blanhigyn tenau, gwydn.

Yna trodd y synhwyro yn ddeall: roeddem yn garcharorion ac yn ddiymadferth, ymhell o'n cartrefi, yng nghanol y goedwig, ar gefn nos dywyll, a rhywun â meddiant a rheolaeth arnom, a hwnnw heb fod yn ffrind. Rhywun; neu rywrai? Er mai un person a ddilynasom, nid person cyffredin oedd wedi gosod y fagl hon, a'n harwain iddi mor gyfrwys.

Wrth fy nghlust roedd Siân a Dai yn sgrechian mewn braw; ac roeddwn innau hefyd yn sgrechian.

Llyncwyd ein cri gan y nos, heb ateb nac adlais, hyd yn oed gan ein gelyn. Peidiasom â gweiddi.

Ymhen ychydig, meddai Siân wrth y tywyllwch, â'i llais bob dydd: "Pwy ych chi?"

Distawrwydd am ennyd. Yna: "Wil." Llais bachgen oedd, yn ifanc ac ysgafn; a rhaid bod hwnnw ar ei ben ei hun, neu byddai rhywun arall wedi siarad drosto. Teimlais gorff Siân yn ymlacio. Roedd hi'n ffyddiog y byddai rhywun o'i hoed hi yn gwrando ar reswm, yn wahanol i oedolion.

"Gad inni fynd!" bytheiriodd Dai, yn grac o'i go mai crwt arall oedd wedi cael y gorau arno.

Tawelwch. Teimlwn gorff Siân yn ymdynhau o'r newydd. Roedd y bachgen hwn yn rhy od o lawer. Roedd popeth a wnâi yn od. Ac roedd yr ateb "Wil" yn dangos diffyg synnwyr. Pa ots gennym ni am ei enw?

"Be' chi moyn 'da ni?" meddai Siân.

Ond parhaodd y tawelwch. Ac roedd naws o ansicrwydd ynddo, fel petai'r bachgen anweledig yn pallu meddwl beth i'w wneud.

Wrth i'r tawelwch ymestyn, dechreuodd Dai wingo i gael rhywbeth o'i boced, ei gyllell siŵr o fod. Llwyddais innau i ryddhau'r fflachlamp, a'i goleuo.

Roedd y pelydr yn wan ac yn gul, ac ni ddangosai ond clytiau diystyr o siâp a deunydd. Pridd noeth. Mieri a dail. Dau foncyff, ac ogof o ddüwch rhyngddynt.

Dechreuais droi yn fy unfan i anelu'r golau at leoedd newydd, a Siân a Dai'n gorfod troi gyda mi, yn araf, mewn cylchddawns drwsgl. Gwelwn ragor o laid a boncyffion; glaswellt uchel; hen graig gennog yng nghanol môr o ddail marw; a'r cwbl yn felyn ac yn llawn cysgodion.

Ac yna gwelais y crwt. Syrthiodd y golau arno fel llaw plismon, a'i rewi ar osgo euog, fel petai newydd bigo'ch poced, a'ch pwrs yn amlwg yn ei law, ac yntau ar flaenau'i draed yn barod i ddianc ond yn gwybod ei bod yn rhy hwyr.

Cododd ei fraich rhwng ei lygaid a'r fflachlamp. "Trowch hwnna bant," meddai yn ei lais ysgafn. Symud-odd y geiriau'n herciog, fel cadwyn beic sy'n brin o olew.

Ond cedwais y golau'n ddiysgog. Toc gostyngodd y crwt ei law.

Ar yr olwg gyntaf, nid oedd yn annhebyg i unrhyw grwt

arall; gwallt hir, wynepryd tywyll, jîns brwnt, crys di-lun. Ond ar yr ail olwg, hyd yn oed yng ngolau gwan y fflachlamp, roedd yn gwbl wahanol i neb a welais o'r blaen. Roedd ei wallt yn dew gan faw, nes bod y blew yn glynu yn ei gilydd fel sbageti. Ac roedd baw yn ail groen dros ei wyneb a'i ddwylo. Baw a llaid a liwiai ei ddillad hefyd – ai'n fwriadol, tybed? Gwyddwn fod gan hwn y ddawn i weld heb gael ei weld, ac mai ef oedd y cysgod fu'n ein poenydio. Ond i ba ddiben?

Gwelais fod rhyw sioncrwydd hynod yn perthyn iddo. Roedd yn fyw ac yn effro ymhob cwr o'i gorff, fel sgyfarnog pan fo'n estyn ei chlustiau i hidlo sŵn y gwynt, yn barod bob eiliad i ffoi a llamu ac igam-ogamu; neu i lechu fel maen yn y borfa.

Sylweddolais fod hwn yn greadur gwyllt; yn wyllt â gwylltineb anifail; fel petai wedi bwrw gydol ei oes yng nghôl natur, heb weld fawr ddim ar bobl erioed.

Roedd ei lygaid yn frau ac yn ofnus, fel petaent yn gwylio am fflach ein dannedd. Ond dychmygais fel y gallent newid ar amrantiad o ofn i ffyrnigrwydd, fel llygaid teigr, neu fel llygaid dyn, y creulonaf o greaduriaid.

Ond roedd Dai heb ystyried mor bell â hynny. "Gad ni allan o'r rhwyd 'ma!" rhuodd eto.

Daeth golwg ddryslyd dros wyneb y crwt. "Pam?" holodd yn araf. "Fi dal chi, fi cadw chi."

Yr union ateb a roddai creadur gwyllt petai'r byd yn troi wyneb i waered, a'r sgyfarnog yn cael hela, a'r betrisen yn cael saethu, a dynion yn brae!

Ac eto, meddyliais, hyd yn oed os yw'r crwt yn wyllt, ni all fod yn hollol estron. Rhaid bod rhywun wedi gofalu amdano rywdro, yn ei fabandod, a gadael rhyw nod arno, a bod y rhywun hwnnw yn perthyn i'n byd ni.

"Yn wir i ti," meddai Siân yn fwyn, "fedri di ddim ein cadw ni yma. Fe fydd ein rhieni'n pryderu amdanon ni. Fe ddôn nhw i chwilio amdanon ni."

Rhieni? Pryderu? holodd llygaid mawr y crwt.

"A byddan nhw'n dy ddal di hefyd!" chwyrnodd Dai.

Llanwodd llygaid y crwt ag arswyd cignoeth.

"Cofia, byddwn ni yn y goedwig eto brynhawn fory," meddai Siân, "os byddi di am ein gweld ni."

"Ac os na symudi di'r rhwyd y funud hon," ysgyrnygodd Dai, "fe wna i ei thorri hi iti." Roedd wedi llwyddo i agor ei gyllell, ac eisoes gallwn synhwyro'r llafn yn rhygnu ar un o'r llinynnau.

Nyni oedd y meistri bellach. Peidiais ag ofni. Daeth i'm dychymyg ddarlun o fywyd rhyfedd y crwt ym mherfeddion y fforest, yn llawn rhyddid ac awyr iach a thawelwch; a chenfigennais wrtho, er gwaethaf ei ddiniweidrwydd.

Daeth tuag atom, yn betrus. Wrth iddo ddatod y rhwyd, sylwodd Dai ar ei esgidiau.

"Hei!" meddai'n ddig. "Dyna'r rhai gollais i wrth y nant!"

Roeddynt yn dyllog ac yn lleidiog, â rheffynnau gwellt yn lle careiau. Fyddai mam Dai ddim yn diolch am eu cael yn ôl.

"O, cadw nhw," meddai ef.

Arweiniodd y crwt ni'n ôl drwy'r goedwig. Cwynai'r gwynt ymysg y brigau uchaf.

Daeth â ni at fwlch y lôn.

"Fan hyn, pnawn fory," meddai, yn ei lais ysgafn, araf.

3. Y GOEDWIG

Arogl cinio dydd Sul a'm dihunodd drannoeth. Treiddiodd trwy fy nghwsg yn felys ac yn gynnes, yn gymysgedd o gig eidion a phwdin Efrog a grefi, gan dynnu dŵr o'm dannedd. Y tu allan roedd yr haul wedi pasio hanner dydd.

Stwffiodd Mam ei phen rownd y drws. "Bore da, o'r diwedd! Welsoch chi rywbeth neithiwr?"

Doedden ni ddim eisiau sôn wrth ein rhieni am ein hantur yn y goedwig ganol nos, rhag inni gael ein tafodi.

Doedden ni ddim eisiau dweud wrthynt am y crwt chwaith, rhag i'r heddlu glywed amdano rywsut a cheisio'i ddal.

"Do," ebe fi. "Fe welson ni rywun, a'i gwrso i ffwrdd. Dwi ddim yn credu bydd e'n dwgyd eto."

Galwodd Siân a Dai heibio ar ôl cinio, a chychwynasom i fyny'r lôn tua'r bwlch. Tynnais laswelltyn o'r clawdd i'w sugno, a bu Dai'n cicio carreg fach ar hyd yr asffalt. Cerddem ymlaen ling-di-long, a Siân, yn ei dull awdurdodol, ychydig ar y blaen. Roedd y ffos wrth ymyl y lôn bron ar goll dan dyfiantach, a'r llaid yn y gwaelod wedi ei grasu'n graciau.

"Os daw, daw," meddai Dai'n sydyn. "Ac os na ddaw, ddaw e ddim."

Os daw'r crwt, meddyliais, bydd pedwar ohonom yn y goedwig yn lle tri; dyna ryfedd fydd hynny.

Yng ngwaelod y cwm, roedd yr adeiladau'n ddi-siâp dan fwg, a'r mwg ei hun yn euraid yn yr haul. Codai awyr boeth o'r dyfnder a chwyrlïo o'n cwmpas.

Aethom trwy'r bwlch i gysgod y goedwig.

Doedd y crwt ddim yno. Aethom i eistedd ar dwyn bach i aros, ar gwr llannerch agored lle bu planhigfa fedw unwaith, nes i stiward y goedwig orchymyn ei chwympo. O gylch y llannerch tyfai llwyni a choed mawr cymysg.

"Pwy sy eisiau losin?" holais, gan dynnu pecyn o felysion o'm poced; melysion ffrwythau caled, bob un wedi'i lapio mewn papur.

Buom yn sugno mewn tawelwch am ychydig.

"Fe allwn i'n hawdd iawn fynd i gysgu," meddai Siân.

"Gormod o ginio dydd Sul gest ti," ebe Dai.

Gwyliais chwilen ddu yn ffwdanu tua chopa'r twyn. Wyddai hi ddim o ble'r oedd hi'n dod nac i ble'r oedd hi'n mynd, dim ond ei bod hi'n benderfynol o gyrraedd. Daeth at frigyn a chwilio'n llafurus am ffordd heibio iddo. Ar gangen uwchben eisteddai mwyalchen, yn disgwyl am y foment i ddisgyn arni.

"Dyw e ddim am ddod, y crwt 'na," meddai Dai yn gwynfanllyd.

Brysiodd y chwilen yn ei blaen. Disgynnodd y fwyalchen, clepian ei phig amdani, a sboncio'r tua'r llwyni.

Brathais weddill tenau'r losin, a'i lyncu. Nawr dim ond y blas oedd ar ôl.

Gwyliais yr aderyn talog yn mynd i'w hynt; corff bach cryno, deudroed heini, pen bywiog a'i lond o lygaid oer. Yn sydyn safodd, a hedfan i fyny. Beth oedd wedi ei ddychryn, tybed? Edrychais i'r ffordd y bu'n teithio.

Roedd yno goeden; ac wrth fôn y goeden, dwy garreg lwyd; neu yn hytrach esgidiau; y crwt oedd yn sefyll yno. Roedd yn hollol lonydd, a bron yn anweledig yn ei liwiau lleidiog, hyd yn oed ar ôl imi ei weld.

"Iesgob!" meddai Dai. "Ers faint mae e fan 'na?"

Cerddodd y crwt, gan gadw ei bellter oddi wrthym, i ganol y llannerch. Yno arhosodd, a syllu arnom. Roedd ei lygaid mor effro ac estron â rhai'r fwyalchen a ddychrynodd gynnau.

"Wyt ti eisiau losin?" meddwn i, a thaflu un at ei draed – buasai wedi ffoi, tybiais, petawn i wedi ei estyn iddo. Ag un symudiad llyfn, plygodd, cipio'r melysyn a chodi drachefn. Edrychodd ar y melysyn, wedyn arnaf i.

"Bwyta fe," awgrymais.

Trodd e'r melysyn yn amheus ar gledr ei law; yna dododd ef yn ei geg. Daeth golwg wirion i'w lygaid.

"Tynn y papur gynta," meddai Siân.

Heb fwriadu, roeddwn i wedi gwneud ffŵl ohono. Bachodd e'r losin o'i geg a chrafu'r papur oddi arno â'i ewinedd. Yna rhoes ef yn ôl ar ei dafod, sugno'n arbrofus – a'i boeri allan ar y glaswellt.

Roedd golwg ddigalon arno. Hawdd oedd gweld, os oeddem ni'n hoffi losin, ei fod ef am eu hoffi hefyd.

Roedd y llannerch yn gwbl ddistaw. Syllai'r crwt ar y llawr. A syllem ninnau arno ef; neu ar y cysgodion brith yn cilio dros y borfa; neu ar y clytiau goleuni yng nghoridorau'r coed. Edrychodd Dai ar ei oriawr. Oni bai bod rhywbeth yn digwydd toc, byddai'n mynd i ffwrdd.

Yn sydyn, cododd y crwt ei ben a dweud wrthyf: "Ti moyn gweld gwiwer?"

"Siŵr iawn!"

Rhedodd at goeden braff geinciog, ym mhen pella'r llannerch, a'i lansio ei hun i fyny'r boncyff. Dringodd fel cath, bron fel petasai'n cerdded, gan esgyn o gangen i gangen nes diflannu ymysg y dail. Pan aethom ninnau draw, gan graffu i fyny drwy'r glesni, doedd dim i ddangos ei lwybr ond cryndod ambell frigyn.

Edrychodd Dai yn syn ar y gangen isaf, ymhell uwchben; hyd yma bu'n ei ystyried ei hun yn ddringwr da.

Cyn hir disgynnodd y crwt yn ôl, gan lifo drwy'r goeden fel gwynt trwy wenith. Ar ei ysgwydd eisteddai gwiwer goch.

"Sut yn y byd gest ti honno?" holodd Siân.

"Fi'n nabod y wiwer 'ma," meddai'r crwt yn ei ffordd araf. "Fi'n nabod llawer o wiwerod. Fi'n rhoi cnau i nhw. Fi'n gwbod ble maen nhw'n byw." Roedd ei lais a'i lygaid yn llawn balchder, ond yn ansicr hefyd. Ni wyddai a fyddem ni'n edmygu ei gamp.

"Dere, dere," meddai Siân wrth y wiwer fach, gan estyn ei bysedd tuag ati. Ond closiodd honno at ben y crwt am loches, a'i chynffon yn brigo uwch ei wallt fel pluen het. Syllai ar Siân â llygaid disglair, drwgdybus, ond ni cheisiodd ddianc.

Cydiodd y crwt yn y fechan gerfydd ei gwar a'i chynffon, a'i dal fel baban yn ei gôl. Gorffwysai hithau yno yn ddi-fraw, hyd yn oed pan ddechreuodd Siân ei mwytho.

"Ga i dro?" gofynnais. Rhoddais fy mysedd yn ysgafn ar wegil y wiwer. Roedd y blew yn feddal ac yn oer, a gwres megis yn cuddio danynt. Curai'r gwaed fel cloc yn tician. Fues i erioed mor agos at anifail gwyllt o'r blaen.

"A finnau," meddai Dai yn swta, fel petai'n ddig am fod mor eiddgar.

Cymerai'r creadur ei anwesu heb nac ofn na mwynhad. Pan roddodd y crwt ef i lawr ar y glaswellt, roedd yn falch o gael dianc at y goeden agosaf a rhedeg i fyny i gysgod y canghennau.

"Roedd hynny'n wych," meddai Siân, a rhyw dinc o dristwch yn ei llais. Roedd hi'n dal i syllu ar y man lle diflannodd y gynffon goch ymysg y dail. "Wyt ti'n gwybod am ragor o anifeiliaid, Wil?"

Dyna'i alw, am y tro cyntaf, wrth ei enw.

"Chi am weld draenog?"

Arweiniodd ni allan o'r llannerch: Siân, yna Dai, a minnau'n olaf. Bu raid inni ymwthio rhwng dau lwyn ac ychydig o goed eiddil, a dyna lle'r oeddem yn nyfnder y fforest, a'r dail yn nenfwd diorffwys uwch ein pennau, a'r awyr yn oeraidd, braf. Aethom i lawr rhiw fechan, ac o gwmpas pant gwyrdd â gwaelod dyfrllyd. Roeddem yn dilyn llwybr anweledig; heb ôl sathru na thramwyo i'w weld arno, ac eto'n sicr a di-rwystr; un o fil o lwybrau dirgel y goedwig, na wyddem ni'n tri, cyn hyn, ddim oll amdanynt.

Roedd gan Wil gyllell. Wrth ei wasg crogai cwdyn casglu. O dro i dro byddai'n torri madarchen wrth y pridd neu dalp o ffwng oddi ar bren pwdr, a'u gollwng i'r cwd. Aethom ymlaen, heb siarad, y naill y tu ôl i'r llall, rhwng y coed a'r ponciau a'r creigiau, dros laswellt a mwsogl a phridd noeth. Daethom i lannerch fach eto, a mieri trwchus yn gylch amdani.

"Lle da i gasglu mwyar duon," meddwn i.

Trodd Wil arnaf yn chwyrn. "Gad nhw fod!"

"Be' sy?" holais yn syn.

"Fi biau nhw!"

"Ond maen nhw'n tyfu'n wyllt," protestiodd Siân.

"Gad nhw fod!" brathodd y crwt; a ninnau wedi drysu oherwydd ei galedwch sydyn, fel petai ci hoff wedi noethi ei ddannedd.

Aethom ymlaen ar hyd y llwybrau dirgel, gan esgyn yn fwy aml na disgyn, a'r creigiau'n mynd yn fwy niferus, a'r coed yn fyrrach; ac wrth i'r goedwig oleuo, ysgafnodd fy hwyl innau eto, nes bod y cwmwl wedi pasio a'r daith mor ddifyr ag erioed.

Daethom at nant fach ewynnog mewn gwely creigiog. Er inni ei chroesi ag un cam, eto afon berffaith oedd hi, gyda rhaeadrau a throbyllau, a chen melyn ar y cerrig tanddwr. Dringasom ar hyd glannau hon, nes cyrraedd clogwyn garw, a'i wyneb yn farfog â llwyni a phorfa. O flaen y clogwyn estynnai craig wastad, fel llwyfan; ac yng nghesail y graig a'r clogwyn roedd ffynnon, tarddle'r nant. Nid oedd dim i'w glywed ond cân nwyfus y dŵr, yn berwi o'r ffynnon ac yn prysuro ar draws y llwyfan. Trochais fy mys yn y byrlymau rhewllyd.

"Dewch fan hyn, mas o'r ffordd," meddai Wil, a'i lais yn ysgafn a swil drachefn. Aeth â ni at astell yn y clogwyn, uwchben y ffynnon, a'n trefnu yno mewn rhes fel platiau ar ddreser.

"Beth am y draenog?" holodd Siân.

"Rhaid aros."

Diflannodd yr haul y tu ôl i'r clogwyn, a braf oedd cael bwrw ein blinder yno, yn sgwrsio'n gysglyd yn sŵn y dŵr.

"Ust!" sibrydodd Wil yn sydyn.

Edrychasom lle roedd ef yn edrych. Roedd trwyn hir â blaen pygddu yn ymddangos dros ymyl y llwyfan graig, a dau lygad bach, a dwy droed ewinog. Toc roedd y draenog cyfan ar y graig, yn belen bigog a gerddai dow-dow tua'r nant. Ac wrth gwt y fam, draenog arall, chwarter ei maint. Ac yna pump arall, yn glwstwr ufudd. Safent mewn rheng, a'u traed yn y dŵr, gan yfed yn dawel. Yna arweiniodd y fam ei theulu'n ôl dros fin y graig, o'r golwg.

Gadawsant ryw dynerwch yn ein plith.

Ymhen ychydig meddai Dai: "Mae bron yn amser swper. Gwell inni fynd adre."

Cychwynnodd y tri arall i lawr y rhiw, ond plygais i am eiliad wrth y ffynnon, gan wneud cwpan o'm dwylo ac yfed peth o'r dŵr. Yna rhedais i ymuno â'r lleill. Wrth fynd trwy lannerch y mieri holais:

"Dywed, Wil, beth arall wyt ti'n fwyta, ar wahân i fwyar duon?"

"Pethau'r goedwig," meddai'n ddifrifol. "Ffrwythau. Adar. Anifeiliaid. Y draenogod bach 'na, pan fyddan nhw'n fawr. Chi'n pobi nhw mewn clai. Mae'r pigau'n dod bant gyda'r croen."

"Rown i'n meddwl mai dwyn dy fwyd roeddet ti," ebe Siân yn sych.

"Dim lot. Fi ofn cael 'y nal."

"Hanner munud!" torrodd Dai i mewn. "Dwyt ti byth am fwyta'r draenogod 'na?"

"Be' sy?" ebe fi. "Wyt ti byth yn bwyta cig?"

Bu'n ddadl boeth rhwng Dai a minnau ar y ffordd adre; ond digon i Wil oedd gwybod bod rhywun yn cymryd ei blaid.

4. CARTREFI

Daeth gwyliau'r haf. Yng nghwmni Wil, newidiwyd yn llwyr ein ffordd o edrych ar y goedwig. Chwarae ynddi a fuom ni. Ond roedd ef yn byw ynddi – yn cuddio rhag peryglon ac yn casglu ei fara beunyddiol. Dysgodd ni i weld y goedwig trwy ei lygaid ef.

Gwyddai Wil am holl adnoddau'r goedwig: y llwybrau a'r cuddfannau; y creaduriaid a'u cartrefi; ble i gael hyd i fwyd maethlon a phlanhigion iachusol. Roedd ei ryddid, ac efallai ei fywyd, yn dibynnu ar y cyfrinachau hyn.

Ac eto, bu'n eu datgelu nhw i ni yn ddibrin, fel pe na fedrai ymatal, fel pe bai gorfodaeth arno i rannu ei fywyd â ni. Mae'n siŵr gennyf mai'r hyn a wnaeth iddo ladrata o gwmpas y tai, a mynnu ein cwmni ni mewn ffordd mor rhyfedd, oedd ei angen am agosrwydd pobl.

Ni fedrai Wil fentro o'r goedwig i'r dref nac i'r ysgol; ac felly roedd arno syched mawr i wybod am y rhain. Byddai'n ein holi byth a hefyd am sut bethau a wnaem pan nad oedd ef gyda ni. Er gwaetha'r perygl o gael ei 'ddal'', ysai am ymweld â'n cartrefi.

Un noson ym mis Medi aeth fy rhieni allan tan yn hwyr, a daethom â Wil i'm tŷ i, gan ddisgyn o'r goedwig yn griw dirgelaidd, dan gysgod tywyllwch, rhag i neb ei weld.

Aethom i mewn trwy ddrws y gegin. Dan y golau trydan roedd y teils a'r stof a'r rhewgell yn wyn llachar, a'r dodrefn i gyd yn loyw ac yn lân. Safai Wil ar ganol y llawr, a'i wisg yn lleidiog a'i groen yn frwnt, a'i lygaid yn gwibio'n ofidus i bob twll a chornel.

Caeais y drws.

"Agor e!"

Agorais ef. Dododd Wil stôl wrtho i'w atal rhag cau eto.

Esboniodd: "Fi moyn ffordd allan. Fi isio bod gallu dianc."

Yna aeth ar sgawt trwy lawr isaf y tŷ. Chwiliodd trwy'r lobi a'r lolfa a'r ystafell fwyta. Gwnaeth yn siŵr nad oedd neb yn cwato dan y staer na'r byrddau. Gadawodd bob drws ar agor ar ei ôl.

Daeth at ddrws y ffrynt.

"Agor e!"

Wrth imi ufuddhau, gwyliodd yn ofalus bob symudiad a wneuthum, yna aeth ati i wneud yr un fath. Cydiodd yn y bwlyn Yale rhwng ei fys a'i fawd, a'i droi; tynnodd y drws tuag ato dros y mat; caeodd y drws drachefn nes i'r clo glician. Wedyn gwnaeth y cyfan eto.

"Iawn," meddai.

Yna arweiniodd ni i fyny i'r llofft, ac yn gyntaf i mewn i'r stafell ymolchi. Yn sydyn safodd. Rhewodd ei gorff yn gyfan. Gostyngodd ei ysgwyddau mewn osgo ymladd.

"Pwy 'di hwnna?"

"Ti dy hun, Wil!" meddwn i. Sefais wrth ei ochr, fel bod dau wyneb yn syllu allan o'r drych arno: wyneb glân ac wyneb gwyllt; fy wyneb i, ac wyneb nad oedd Wil efallai wedi cael cyfle i'w weld o'r blaen, er bod ei ffrindiau'n ei adnabod yn dda.

Rhwbiodd Wil ei drwyn, noethodd ei ddannedd,

agorodd ei lygaid led y pen; a hoffai yr hyn a welai.

Aeth ymlaen wedyn i'r ystafelloedd eraill, gan agor ffenestri ac edrych dan bob gwely. O'r diwedd gallai deimlo'n sicr nad oedd neb yn stelcian yno, ac os oedd, bod modd dianc rhagddo. Yna gorweddodd ar wely gan ymsuddo iddo'n syn. Ildiodd i foethusrwydd y cwrlid a'r sbringiau fel pêl rwber ar ymchwydd tonnau'r môr.

Aethom i lawr i'r lolfa a throis y teledu ymlaen. Pan ymddangosodd pobl ar y sgrîn, credai Wil mai pobl iawn oeddynt, ac aeth y tu ôl i'r set i'w gweld yn nes. Prociodd y blwch a sbeciodd trwy dyllau, a methai'n lân â deall pam nad oedd dim i'w weld. Roeddem ninnau'n rhy gall i chwerthin. Ymhen ychydig dychwelodd Wil yn siomedig at ei sedd, ond ni ofynnodd inni am eglurhad.

Daeth gyda mi i'r gegin i nôl diod o laeth, a rhoddodd ei law yn y rhewgell. "Mae'n oer," meddai.

"Mae i fod yn oer."

"Pam?"

"I gadw'r bwyd yn ffres. Fel mae tywydd oer yn cadw dy fwyd di yn ffres."

"Da iawn," meddai'n synfyfyriol. "Da iawn, iawn."

Ffilm giangsters oedd ar y teledu, ond nid oedd Wil yn gwybod y rheolau. Ni allai ddeall bod mwstás du yn dynodi dyn drwg; na bod maes awyr yn arwydd o daith; na bod gynnau'n lladd pobl. Ond pan welodd rywun yn ffoi, cododd ar ei draed gan weiddi, "Rheda! Rheda!"

"Paid dweud hynny, Wil!" meddai Dai. "Fe yw'r dyn drwg!"

"Pwy sy ar ei ôl e?"

"Yr heddlu, siŵr iawn."

Gyda sgrech, dihangodd Wil o'r stafell, ac o'r tŷ, ac roedd e hanner ffordd i fyny'r lôn cyn inni ei oddiweddyd.

Cerddasom gyda'n gilydd yn ôl tua bwlch y goedwig.

"Fuost ti mewn tŷ o'r blaen, Wil?" holodd Siân.

"Do, llawer o dai."

"Ble?"

"Tŷ John Cawr, am un. Rown i'n byw fan 'na erstalwm. Mae'n braf."

Bûm innau yn ogof John Cawr unwaith, pan oeddwn yn fach. Lle llwm ydoedd, yng nghrombil y graig, heb ddim dodrefn ond cadair bren, bwrdd a matras, a brwyn ar lawr. Ond brathais fy nhafod, rhag brifo teimladau Wil.

Roedd y lôn yn dawel dan y sêr. Ymhell islaw, yn y cwm, gweai lampau'r ceir yn llesg dan lampau'r strydoedd.

"Fi wedi bod yn nhŷ Jane Hughes hefyd."

"Rhaid bod hwnna'n hyfryd," awgrymais.

Aeth llais Wil yn freuddwydiol o dyner. "Mae'n dywyll, ond bod pethau'n sgleinio...Mae 'na dân coed...a fflamau melyn...Ac anifeiliaid yn mynd a dod...A gwynt perlysiau..."

Cartref o'r gorffennol pell, meddyliais. Pell, pell.

"Dyna i gyd?" meddai Dai. "Fuost ti erioed mewn tai eraill?"

"Do hefyd! Cyn dod i'r goedwig. Ond roedd rheina'n gas."

Pan gyrhaeddais yn ôl i'r tŷ, roedd rhyw arogl ang-hynefin yn llercian yno. Perthynai i'r goedwig a'r awyr iach, nid i gartref teuluol. Arogl Wil ydoedd. Cyn i'm rhieni ddychwelyd, llosgais ddarn o dost dan y gril a gadael i'r mwg ymledu trwy'r tŷ.

Wnaethom ni byth ofyn i Wil ble'r oedd yn byw. Roeddem yn ofni, petaem yn gwybod hynny, y byddem rywsut neu'i gilydd yn ei ddatgelu i rywun. Saffach oedd peidio â gwybod.

Wil ei hun a ddangosodd ei dŷ inni.

Dechrau mis Hydref oedd hi, a'r dail yn troi'n felyn; diwrnod clir ac oer, ond bod cwmwl yn tywyllu'r gorllewin.

Aeth Wil â ni ymhell drwy'r goedwig, i barthau nas gwelsom o'r blaen. Teneuodd y coed, yna tewychu drachefn, a gwyddem inni groesi ysgwydd o'r mynydd.

Buom yn teithio am filltiroedd. Synnais fod Wil yn crwydro mor bell o'i aelwyd ynghylch ei bethau. Efallai, meddyliais, fod arno ofn i rywun sylwi arno yn agos i'w gartref, a'i gysylltu â'r ardal honno.

Daethom at lôn geirt a'i dilyn am chwarter milltir. Yna troesom o'r neilltu, a dod at lannerch.

Yng nghanol y llannerch safai derwen anferthol. Roedd hi'n braff a chyhyrog; yn anorffwys symudliw; yn llond cân a sbonc adar; yn ddinas o ddail a mes. Hi oedd brenhines y llannerch. Dan ei changhennau roedd y pridd yn foel; golwg ddinod oedd ar y coed o'i hamgylch.

"Fan hyn fi'n byw."

"Ar gangen?" holodd Dai yn syn.

"Mae'n goeden gau," dyfalodd Siân. Ond o gerdded o'i chwmpas, ni welsom dwll yn unman.

Esgynnodd Wil yn chwim i'r gangen isaf, ymhell uwchben. Gollyngodd raff atom. Er bod hon ynghlwm wrth y gangen, nid oeddwn wedi sylwi arni. Rhaid bod Wil wedi'i rhoi yno er mwyn codi pethau lletchwith o'r llawr.

Bob yn un, trwy gydio â'n dwylo yn y rhaff a gwthio â'n traed ar y boncyff, aethom i fyny at Wil ar y gangen.

Roedd hi'n llydan ac yn wastad fel pafin stryd.

"Beth wedais i?" meddai Dai. "Mae'n byw ar y gangen 'ma."

Ond yn ochr y boncyff roedd twll bach, digon o faint i gnocell y coed letya ynddo. Rhoddodd Wil ei fysedd yn y twll, a thynnu.

Agorodd talp mawr rhisglog o'r boncyff, yn union fel drws tŷ.

"Dewch!" gorchmynnodd Wil. Caeodd y drws ar ein hôl yn frysiog.

Roedd digonedd o le inni yng nghrombil y goeden, ond roedd hi'n gwbl dywyll, ac yn llawn arogleuon pren a phridd.

Clywais Wil yn crafu metel ar garreg, a llamodd gwreichionen. Cododd fflam o ddyrnaid o wair sych.

Yn y golau gwamal gwelwn sawl hen grochan yn llawn dŵr; cruglwyth o goed tân; pentyrrau o datws, moron, pannas, pys a ffa; rhesi o afalau; ysgubell frigau; a bwyell.

Roedd hi'n storfa fach lân a chymen, ond yn ddigroeso; ac roedd y nenfwd bron â gwasgu ar ein pennau.

"Fyny," meddai Wil.

Nawr gwelais fod y nenfwd wedi'i lunio o estyll, a bod twll ynddo. Tynnodd Wil ei hun i fyny trwy'r twll, a'r ffagl fflamllyd yn ei law; ac aethom ninnau ar ei ôl. Wedi inni i gyd gyrraedd i fyny, caeodd e'r twll trwy ostwng drws pren drosto.

Yn y stafell newydd, roedd digon o le i'r pedwar ohonom sefyll a symud. Ac ar ben goleuni'r ffagl, deuai ychydig o olau naturiol yn hidlo i mewn trwy holltau yn y boncyff.

Wrth i'm llygaid ddod i arfer â'r gwyll, gwelwn nifer o silffoedd yn britho'r waliau pren, a llaweroedd o drug-areddau bach wedi'u trefnu arnynt: car tegan; tun cwrw gwag; plu hardd; a darnau di-ri o wydr lliw. Dyma drysorfa ac amgueddfa Wil. Ef gerfiodd y silffoedd o'r pren byw, siŵr o fod, a'u haddurno â'r pethau a ffansïodd ac a gododd ar ei hynt feunyddiol; a'r cyfan er ei ddifyrrwch ef ei hun. Ar un o'r silffoedd gwelais y set o chwe dol bûm yn wylo amdanynt 'slawer dydd.

Roedd pentwr o redyn ar hyd un ochr i'r stafell. Taenodd Wil flanced drosto, a sylweddolais mai dyna oedd ei wely a'i soffa.

Roedd rhyw gysur rhyfedd yn perthyn i'r ogof dderw hon.

"Steddwch," meddai Wil.

Crensiodd y rhedyn sych otanom. Yn y gornel ddu

gyferbyn, gwelais dwmpath o flancedi, cynfasau a dillad cymysg – i gyd wedi'u lladrata, dybiwn i.

O flaen y gwely roedd carreg fawr wastad, gyda gwellt a brigau wedi'u gosod ar ei chanol, a thatws a moron ar hyd ei hymylon.

Gwthiodd Wil ei fflam i ganol y gwellt, nes iddo gynnau a llenwi'r stafell â mwg pigog. Chwaraeai llewyrch y tân ar y muriau, yn goch ac yn felyn; ac o rywle daeth awel fach i gario'r mwg i ran ucha'r goeden ac allan trwy dwll cudd.

Daeth Wil â hen sosban yn llawn o ddŵr, ac wrth iddo ei rhoi ar y tân, neidiodd torf o adar i mewn trwy'r holltau yn y mur, gan wylio'r bwyd yn obeithiol.

Taflodd Wil y tatws a'r moron i'r dŵr. Yna ymbalfalodd yn y cwdyn casglu wrth ei wasg. Un ar ôl y llall, daeth i'r golwg dafell o ffwng, pedair madarchen, nifer o falwod (yn eu cregyn), a dau bryf genwair. O'u gweld yn cwympo i'r sosban, rhoddais fy nwylo dros fy llygaid.

"Isio wyau," meddai Wil. Diflannodd trwy'r twll yn y llawr, ac fe'i clywais yn agor a chau'r drws i'r gangen ac yn rhedeg ar hyd honno. Dychwelodd ymhen ychydig â thri wy bach yn ei gwdyn. Aeth y rheiny hefyd i'r sosban.

Cyn hir roedd y cawl yn barod. Aeth Wil i nôl llwy a phowlen, y ddwy wedi eu naddu'n amrwd o bren.

"Chi moyn tipyn?"

"Dim diolch," meddai Siân. "Fe ddaethon ni â bobo Club." (Ar ôl inni fwyta'r rhain, trefnodd Wil y papurau ar un o'r silffoedd.)

Arllwysodd Wil y cawl i'r bowlen, a'i fwyta'n awchus,

gan sugno a bytheirio, weithiau'n defnyddio'r llwy, weithiau'n yfed yn syth o'r bowlen. Pan gwympai peth i'r llawr, tyrrai'r adar o'i gwmpas.

Wedi bwyta, buom i gyd yn eistedd ar y gwely rhedyn, a'n cefnau at y mur, gan fwynhau gwres ac arogleuon y goeden. Wrth iddi nosi, tywynnai'r darnau gwydr yn nawns y fflamau. Hedodd tylluan i lawr o ryw loches uwchben, ac allan trwy hollt.

Y tu allan, cododd y gorllewinwynt, gan lachio'r canghennau a hyrddio glaw fel gro. Ond roeddem ni, ym mherfedd y dderwen, yng ngoleuni'r marwor, yn glyd a siaradus; ac o dipyn i beth dechreuodd Wil sôn wrthym am ei hanes, ac am sut y bu iddo ddod gyntaf i'r goedwig…

5. PLENTYNDOD

Y cof cyntaf oedd gan y crwt oedd cof am anghofio rhywbeth...Roedd yn swatio mewn lle tywyll. Nid oedd wedi bod yno'n hir, ond bu yno lawer tro o'r blaen, ac roedd hi'n dywyll iawn. Roedd e'n llefain, ac roedd ofn arno. Bob tro iddo fod yn y lle hwnnw, bu'n llefain ac yn ofni. Ond bob tro cyn hyn bu rhyw atgof hyfryd ganddo, yng nghefn ei feddwl, oedd yn rhoi cysur iddo. A nawr roedd e wedi colli'r atgof hwnnw. Ceisied a geisio, ni allai ddod ag e'n ôl...

Ac yn awr roedd amser wedi mynd heibio, ac roedd y crwt wedi tyfu dipyn, ond nid oedd eto mor dal â'r ci...Roeddynt i gyd yn eistedd yng nghefn y fan; y gŵr a'r wraig ar y fatras, y crwt ar y glustog, a'r ci ar bentwr o garpiau. Roedd y ci mewn helbul. Roedd wedi dwyn sosej (nid oedd byth yn cael ei fwydo), ac roedd y wraig yn rhegi, a'r gŵr yn ysgwyd pastwn pren. Trawodd y gŵr y ci. Neidiodd hwnnw o'r fan dan ubain, ac ni ddaeth byth yn ôl. Ond mewn gwirionedd, y crwt oedd wedi dwyn y sosej...

Roedd y fan ar symud o hyd ac o hyd, heb aros mwy na deuddydd yn unman. Yng nghefn y fan roedd casgen, wedi ei hoelio wrth y llawr: casgen gwrw fawr, bren, hen-ffasiwn. Pan fyddai'r fan yn aros, byddai'r wraig yn dodi'r crwt yn y gasgen i'w gadw rhag crwydro. Ond roedd y crwt yn dal i dyfu; ac un diwrnod dyblodd ei gorff dros ymyl y gasgen, syrthio i'r llawr, a neidio allan o gwt y fan. Dechreuodd redeg. A dyna lle roedd e'n mynd, a'i goesau bach yn fflachio dros y tarmac, ac oerwynt hydref yn chwipio'i wyneb, a'i draed noeth yn tasgu'r pyllau glaw; ac yn ei galon roedd fflam chwerw, angerddol, orfoleddus... am ychydig eiliadau...Yna caeodd llaw galed am ei fol a'i gipio i'r awyr ac yn ôl i'r fan, i gweir ddidosturi a thawelwch y gasgen...

Ond ni pheidiodd y fflam â llosgi. Bob cyfle a gâi, byddai'r crwt yn dianc am ei einioes, dros y cae, neu'r maes parcio, neu'r stryd, neu ble bynnag roedd y fan yn sefyll. A phob tro byddai'r dwylo caled yn ei gipio'n ôl drachefn a'i gosbi. Ond ni wnâi'r gosb ond peri i'r fflam losgi'n boethach, a chryfhau dyhead y crwt am gael mynd i ffwrdd...a rhoi'r fan a'r gasgen a'r gŵr a'r wraig y tu cefn iddo am byth...a byw yn y byd mawr ar ei ben ei hun...

Diwrnod o haf ydoedd, a'r fan yn sefyll mewn stryd gefn. Dringodd y crwt o'r gasgen. Gwyddai fod y gŵr a'r wraig yn agos, gan fod drysau'r fan ar agor, ond llwyddodd i gyrraedd cornel y stryd cyn clywed y gŵr yn gweiddi arno am stopio. Trodd y gornel, a chornel arall. Rhuthrodd ar hyd lôn gul lle na allai'r fan mo'i ddilyn. Croesodd bont droed dros reilffordd, a gwelodd drên nwyddau yn tindroi islaw. Rhedodd dros gae diffaith, yn llawn tyllau a pherthi a glaswellt uchel, ac o'r diwedd gorffwysodd wrth ymyl cwt adfeiliog. Yna daeth y nos, gan estyn ei llaw felfed dros y diffeithwch; a gwyddai'r crwt ei fod wedi dianc. Ymlusgodd i mewn i'r cwt a chysgu...

Roedd bron â llwgu pan ddihunodd fore trannoeth – nid

oedd hynny'n brofiad newydd iddo. Gadawodd y tir diffaith, a chrwydrodd ar hyd lliaws o heolydd llwyd, nes dod at un yn llawn pobl. Gwelodd siop yn gwerthu llysiau a ffrwythau, a'r rheiny'n cael eu dangos mewn blychau mawr agored ar y pafin: afalau, orenau, bananas, gellyg, cnau. Cipiodd afal a dechrau rhedeg ymaith trwy'r dorf. Ond dyma law'r siopwr ar ei ysgwydd, llaw galed fel llaw gŵr y fan; a llywiodd honno ef rhwng y gwragedd cegrwth yn ôl i'r siop...A daeth plismyn a'i holi, a mynd ag ef i dŷ mawr lle syllodd torf o blant arno'n cael ei lusgo at y drws. A rhoes gwraig dirion ef mewn bath cynnes, a'i sgrwbio; ac roedd hynny'n braf. A chafodd ei wisgo mewn dillad glân, a phersawr melys arnynt; ac roedd hynny hefyd yn braf. A chafodd bryd o fwyd poeth, y pryd gorau a gafodd erioed: cig a thatws a bresych, ac afalau stwns a chwstard; ac roedd hynny'n wych. A gwell na dim oedd cael chwarae gyda'r plant eraill am ychydig mewn ystafell lawn goleuni, y tro cyntaf iddo chwarae gyda phlant eraill erioed. Ac o'r diwedd cafodd ddringo i wely gwyn, cysurus, gyda chynfasau a gobennydd, a'r cwbl yn gras a pheraroglus gan lendid. Ac yn y gwely bu'n meddwl mor fendigedig oedd y lle yma, gyda'r plant eraill, a'r bwyd, a'r golau a'r cysur. Ond yna meddyliodd – oedd, roedd yn fendigedig, ond nid mor fendigedig â'r fflam yn ei galon, a'r awyr iach yn crafu ei wyneb, a neb i ddweud wrtho beth i'w wneud, nac i'w rwystro rhag dianc i ble bynnag a fynnai. Ac ymhen ychydig cododd o'r gwely glân a gwisgo'r dillad ac esgidiau newydd mewn tywyllwch, a sleifio allan trwy ddrws y cefn, ac i ffwrdd.

Cysgodd weddill y noson yng nghysgod biniau sbwriel mewn iard. Pan ddihunodd, roedd dwy esgid fawr loyw o flaen ei drwyn, a throwsus glas tywyll uwchben y sgidiau, a llais bygythiol yn rhuo arno. Cododd y crwt yn dwyllodrus o araf, a rhoddodd anferth o gic i un o'r coesau glas, gan droi'r rhu yn waedd. Rhuthrodd allan o'r iard ac ar ras am gornel y stryd, ond taranodd y sgidiau gloywon ar ei ôl, a chydiodd llaw gyhyrog unwaith eto yn ei war; ac erbyn canol dydd roedd yn ôl yn y tŷ mawr.

Y tro yma nid oedd y wraig mor dirion, ac nid mor braf oedd cael bath a chinio a gwely glân; felly'r noson honno dihangodd y crwt drachefn. Cafodd loches mewn tŷ gwag, a gwnaeth wely iddo'i hun o hen garpiau a phapurach a gasglodd yn y stryd; ac er bod y gwely hwn yn llai cysurus na'r un yn y tŷ mawr, roedd yn fwy cartrefol rywsut, ac yn fwy tebyg i'w hen wâl yn y fan. Braf oedd cael bod yn frwnt eto, oherwydd gwnaeth y bath iddo deimlo fel petai wedi cael ei flingo. A da oedd llercian ymysg y siopau, yn dwyn bwyd fel y dygai gynt fwyd y gŵr a'r wraig. A hoffai'r nosweithiau tawel yn yr hen dŷ, heb neb i ymyrryd ag ef. Un peth yn unig yr oedd yn gweld ei golli: y munudau 'na o chwarae gyda'r plant eraill yn y tŷ mawr.

Ond rhaid bod rhywun wedi sylwi arno'n sleifio i mewn ac allan o'i gartref bach; oherwydd un noson daeth plismyn, a'i ysgwyd o'i gwsg, a'i lusgo i'w gar, ac i'r tŷ mawr. Y tro hwn nid oedd y wraig yn dirion o gwbl. Safai ar drothwy'r drws yn gweiddi a chwifio'i breichiau. Felly

46

aethpwyd â'r crwt yn ôl i'r car, a'i yrru ar draws gwlad, nes cyrraedd tref newydd, a thŷ newydd, lle rhoddwyd ef dan glo mewn stafell lwm ar ei ben ei hun. Nid oedd na gwên na chwarae i'w cael yn y tŷ hwnnw, ond bechgyn caled a wardeiniaid sur, a distawrwydd chwerw rhyngddynt. O gwmpas yr iard gyfyng roedd muriau mawr â phigau miniog ar eu pen.

Y diwrnod cyntaf aeth y bechgyn am dro, a'r crwt gyda hwy. Aethant ddau a dau, mewn colofn hir, gydag un warden yn arwain ac un arall yn dilyn. Cerddasant ar draws parc mawr moel, gyda ffatrïoedd o'i gwmpas, ac yna dros bont reilffordd. Dan y bont roedd llawer o draciau, lle'r oedd tryciau'n cael eu dosbarthu'n drenau. Daethant wedyn at ardal siopa, ac arhosodd y golofn i un o'r wardeiniaid brynu sigaréts. Yna dychwelasant dros y bont a'r parc i'r tŷ.

Yr ail ddiwrnod, aethant yr un ffordd yn union. Wrth droi cornel, sylwodd y crwt fod yno siop fawr, a'i drws ar draws y gornel, fel na allai'r naill warden na'r llall ei weld tra bod y golofn yn rowndio'r tro.

Ar y trydydd diwrnod, wrth droi'r gornel hon, llithrodd y crwt o'r golofn. Gwibiodd drwy ddrws y siop, rhwng trolïau'r gwragedd diwyd, heibio i'r silffoedd hir. Trwy'r amser, bu'n disgwyl clywed gwaedd warden fel llaw ar ei war, ond ni allai redeg, rhag ofn tynnu sylw ato'i hun. Ni wnaeth y bechgyn eraill mo'i fradychu. Ni waeddodd yr un warden. Daeth allan i lôn fach y tu cefn i'r siop.

Ym mhen pella'r lôn roedd y rheilffordd, a'r rhwydwaith

o draciau lle câi'r trenau eu trefnu. Roedd injans bach yn ffwdanu, a dwsinau o dryciau'n sefyll mewn rhesi amyneddgar. Aeth y crwt at dryc agored, yng nghanol llinell o rai tebyg. Dringodd ysgol ddur, ac o ben honno edrychodd i mewn ar lwyth o garegos rhydlyd. Gorweddodd allan o'r golwg ymysg y cerrig, ac arhosodd i'r trên gychwyn. Arhosodd tan nos, a thrwy'r nos, a thrwy'r dydd wedyn, nes anghofio weithiau mai aros yr oedd. Y fflam yn ei galon oedd ei fwyd a'i wres. O'r diwedd, dyma chwibaniad; ac ysgydwad; a dechreuodd y trên symud, gan loncian yn ddiorffwys trwy dref a gwlad, tra syllai'r crwt i fyny ar y sêr digysur, ac ar y cymylau a ddiffoddodd y sêr, ac ar y glaw gwyllt a dywalltai o'r cymylau i'r tryc digysgod.

Daeth y wawr, a safodd y trên, a chlywai'r crwt ddwndwr y môr. Pan sbiodd dros ymyl y tryc, gwelodd ei fod mewn seidin ar lan doc, heb neb yn y golwg. Roedd wedi cyrraedd lle newydd, a'r tro hwn roedd yn bendant nad oedd yr un plismon na neb yn mynd i'w ddal; oherwydd nid mewn tref yr oedd yn mynd i fyw ond allan yn y wlad, yn ddirgel.

Edrychodd o'i gwmpas. Ar dri gorwel, gwelai fynyddoedd. Roedd yr uchaf o'r rhain i'r gogledd, a mantell o goed drostynt. Penderfynodd anelu am y rheiny. Cerddodd allan o'r dociau yn nhawelwch y bore bach, a thrwy ganol y ddinas wrth i honno ddihuno, a thrwy'r maestrefi ym mhrysurdeb y dydd. Droeon collodd olwg ar y mynyddoedd, ond byth am hir. Ar fin y ffordd, wrth iddo gerdded, pasiodd dai, yna caeau, yna bryniau. Tua machlud haul cyrhaeddodd y goedwig. Gorweddodd ar wely o fwsogl, a chysgu wedi llwyr ymlâdd.

Dihunodd yng ngolau'r lleuad â chot fawr drosto. Roedd dyn anferthol yn cyrcydu wrth ei ymyl, ac yn estyn powlen o gawl poeth iddo. Yfodd y crwt y cawl, yna ceisiodd ddianc, ond roedd ei goesau'n rhy wan i'w gynnal. Dododd y dyn ef ar ei ysgwydd a'i gario adre i'w ogof.

Arhosodd y crwt gyda John Cawr nes adfer ei nerth, ac am gyfnod wedyn. Dysgodd ganddo sut i wneud tân, a naddu pren, a hela adar ac anifeiliaid bach; a chafodd gyllell ganddo. Dysgodd gan Jane Hughes am lysiau'r goedwig a'u rhinweddau. Dysgodd ei hun sut i ddringo coed a symud yn ddisylw. Ac ymhen amser daeth ar draws y dderwen gau...

Bûm yn meddwl, wrth gerdded adref y noson honno, beth tybed oedd wedi gyrru Wil i fyw'n wyllt. Ai'r bywyd erchyll a gafodd ym more oes? Neu'r fflam ryfedd honno yn ei galon? Neu tybed ai'r plentyndod erchyll a fu'n gyfrifol am y fflam? Petasai Wil wedi cael cartref tebyg i Dai a Siân a minnau, pa mor debyg i ni a fyddai nawr, neu pa mor wahanol?

6. Y TORWYR COED

Diwedd mis Hydref oedd hi, a hanner tymor. Roedd hi'n oer. Ar fore Llun gelwais am Siân a Dai ac aethom gyda'n gilydd i'r goedwig, yn glyd yn ein cotiau, sgarffiau ac esgidiau rwber uchel. Roedd ein dillad yn ddi-liw, fel y pridd a'r dail. Flwyddyn yn ôl buasent yn llachar o goch neu oren; ond gwyddem bellach mai lleiaf y'ch gwelir yn y goedwig, mwyaf a welwch.

Roedd Wil, pan gawsom hyd iddo nid nepell o'r bwlch yn y clawdd, yn gwisgo'r un jîns a chrys llarpiog, dan eu haenen o laid, ag ar ganol haf.

"Mae hi'n oer heddiw," meddai Siân. "Wyt ti ddim yn oer?"

"Dyw hyn ddim yn oer." Pan soniai Wil am oerfel, golygai wynt iasol, eira neu eirlaw, iâ ar lyn, glaswellt yn galed gan farrug.

"Beth wnei di pan ddaw hi'n oer?" holodd Siân.

"Aros gartre, dan fy mlanced. Bwyta'r bwyd gasglais i yn yr haf."

"Fel anifail yn cysgu'r gaeaf," meddai Dai gan chwerthin.

Ond pwnc agosach oedd ar feddwl Wil. "Awn lan y lôn," meddai. "Mae'r stiward allan heddiw. Fi isio wylio fe."

Roedd Wil bob amser am wybod popeth oedd ar droed yn y goedwig. Pan ddeuai dieithriaid yno, byddem weithiau yn eu dilyn yn ddirgel am oriau, yn sbio arnynt. Tybiai Wil fod unrhyw newid yn y goedwig yn fygwth, a bod rhaid cadw llygad ar bob un.

Dringasom rhwng y llwyni ger ymyl y lôn, o'r golwg. Cyn hir daethom at blanhigfa o ffynidwydd aeddfed, yn rhesi taclus. O'n cuddfan gwelem landrofer yn sefyll ar fin y ffordd. Ymysg y coed roedd gŵr cydnerth, bochgoch yn rhodio. Gwisgai glos pen-glin o frethyn garw, siaced lwyd â choler ffwr, het â phluen: dillad traddodiadol y bonheddwr gwledig. Yn ei geg roedd sigâr. Yn ei law roedd pot o baent gwyn, gyda brws. Yn synfyfyriol peintiodd groesau ar nifer o goed talsyth. Yna gyrrodd ymaith yn y landrofer i gyfeiriad y cwm.

Ar hynny, pwy a gododd o gysgod craig, a chodi ei law arnom, ond John Cawr. Sut y gwyddai ein bod yno, ni wn. Chwifiodd Wil yn ôl ato, a dychwelodd John i'w loches.

Cyn hir clywsom beiriant yn rhuo'n araf i fyny'r lôn. Daeth clamp o dractor melyn i'r golwg, yn tynnu trol hir ag iddi ochrau isel. Herciodd y tractor oddi ar y ffordd a sefyll ymysg y ffynidwydd. Trwy ffenestr y cab, gwelem ddwy siaced oren lachar a dwy het galed goch.

Neidiodd dau ddyn i'r glaswellt: y naill yn ganol oed a boliog (ef yn amlwg oedd y fformon); y llall yn llipryn tal, a'i goesau'n denau fel coesynnau blodau.

"Ifan! Dos â'r llif at y goeden bella acw!"

Heb frysio, dringodd y llanc i'r drol a gostwng llif fecanyddol dros yr ymyl. Wrth iddo gario hon draw at y goeden, gwelsom fod cefn ei siaced yn dwyn llun du printiedig o ben blaidd.

Toc roedd llef fain y llif yn llenwi'r goedwig. Hedfanai

blawd llif yn gymylau golau. Ymhen ychydig rhwygwyd ochenaid uchel o gorff praff y goeden, a phwysodd honno'n hamddenol i'r naill ochr. Yna cwympodd yn gyflymach, hyrddiodd trwy frigau coed cyfagos, taranodd yn erbyn y llawr.

Dychwelodd distawrwydd i'r goedwig, a chododd y gweithwyr eu harfau i'w cludo at y goeden nesaf.

"Dewch," meddai Wil. "Fi wedi gweld digon."

Erbyn y cychwynnodd y llif eto, roeddem wedi teithio ymhell, a'r sŵn yn denau.

Gyda threiglad y misoedd, roeddem wedi tyfu'n sylwgar iawn wrth grwydro'r goedwig. Roedd tymhorau'r planhig-ion, ac arferion y pryfed a'r adar, wedi dod yn gyfarwydd inni. Os na wyddem enwau'r rhain, byddem yn rhoi enwau iddynt. Ni oedd meistri a chyfeillion y goedwig.

Y diwrnod hwnnw roedd y goedwig yn llaith, fel yn aml yn yr hydref, er na chafwyd glaw ers amser. Crogai dafnau disglair o dan ganghennau noeth. Glynai dail wrth y pridd seimlyd, yn llipa fel creision ŷd a fu'n rhy hir mewn llefrith.

Sleifiasom o gysgod i gysgod, o graig i lwyn. Bob dydd roedd llai o greaduriaid i'w gweld yn y prysgwydd, wrth i adar hedfan i'r de ac i'r pryfed farw.

"Sôn fues i am anifeiliaid sy'n cysgu'r gaeaf..." meddai Dai. "Allet ti ddangos rhai inni, Wil?"

"Beth am slumod?"

"Gwych!"

Cychwynasom tua pharthau uchaf y goedwig, gan

ddringo rhwng creigiau llwyd a chennog. Aeth y coed yn deneuach, ac roedd criafol yr ucheldir yn eu plith. Nawr roeddem ymhlith clogwyni isel, a'u talcenni'n guchiog gan rychau a holltau. O flaen clogwyn felly, ar gopa llethr, safodd Wil a sibrwd:

"Tawel bach! Dilynwch fi."

Diflannodd i un o'r holltau. Gwasgasom ninnau ar ei ôl, rhwng waliau carreg gwlyb. Yna agorodd yr hollt yn ogof hir a thywyll, a'i llawr mor llyfn â phetai'n cael ei olchi beunydd gan donnau'r môr.

Lle oer a llonydd ydoedd, fel capel a godwyd gan saint garw mewn oes gynnar. Safasom yn chwithig, gydag anadl araf.

Gallasai pobl o'r Cynfyd fod wedi byw yma. Oedd eu hesgyrn ar chwâl yn y corneli, tybed?

"Welwch chi'r slumod?" murmurodd Wil.

Na, welwn i mohonynt. Lledais fy llygaid i chwilio'r cysgodion. Ac yna fe'u gwelais, ynghrog wrth y to, ystlumod dirifedi. Mor ddwys a mewnol â gweddïau, a'u hesgyll fel mentyll mynachod am eu cyrff.

Nid oedd na sŵn na symud yn yr ogof. Dim ond golau gwelw ac aroglau llaith y graig.

Ond roedd Wil yn anesmwyth. Mynnai ddychwelyd trwy'r hollt. Fi oedd yr olaf i ymadael, yn gyndyn i golli'r llonyddwch hwnnw.

Y tu allan roedd llwydni hydref, wedi'r tywyllwch, fel melyndra haf. Caeais fy llygaid rhag y goleuni, a chlywais lif bell y torwyr coed. Yn sydyn rhoddodd Dai waedd, a rhuthro ymaith i lawr y llethr glaswelltog. Rhedasom bob un ar ei ôl, gan lenwi'n hysgyfaint â'r awyr iach, a llithro a baglu dros y twmpathau, nes i berthi a diffyg anadl ein hatal. Roeddem yn ôl mewn bywyd pob dydd.

Wrth ddilyn Wil ar hyd y llwybrau cudd, roedd ysgafnder yn fy mhen a'm calon, a churai'r gwaed yn gynnes dan fy nghroen.

Arhosodd Wil ar gwr man agored, hanner canllath o led. Lle bu coed unwaith, gwelem eu bonion, fel esgidiau gwag wedi i'r perchenogion gael eu cipio ymaith. Ond roedd y bonion eisioes yn pydru, a chwyn yn ymglymu o'u cwmpas.

Ar ganol y llain roedd pentwr twt o foncyffion yn sychu: dwsin ar lawr; dwsin arall ar ben ac ar draws y rheiny; wyth haenen i gyd. Roedd yr haenau isaf bron â'u llyncu gan laswellt a dail crin.

"Clywch," meddai Wil.

"Chlywa i ddim byd," meddai Dai ymhen ychydig.

"Mae'r tractor yn gadael. Fi isio gweld…"

Pan ddaethom yn ôl i'r blanhigfa ffynidwydd, cawsom ei llawr wedi'i falurio gan draed a pheiriannau, a nifer o goed beilchion yn gorwedd yn y llaca. Dilynasom drywydd patrymog y tractor i'r lôn, lle disgynnai tua'r cwm.

"Fi'n mynd adre," meddai Wil yn swta.

Aethom ar ei ôl, ar frys, trwy'r goedwig a thros ysgwydd y mynydd ac yna o lannerch i lannerch, heibio i'r coed mawr a'u cylchoedd o gymdogion llai.

Clywais gar yn cychwyn, yna'n pellhau ar hyd y ffordd

geirt a ymylai ar lannerch Wil. Cyflymodd Wil ei gam.

Wrth i'r dderwen ddod i'r golwg, trawodd chwa o fwg sigâr ar fy ffroenau. Ar y dderwen, ac ar sawl coeden gyfagos, roedd croesau gwynion yn dal i waedu eu paent newydd.

7. SEIRFF

Roeddwn i'n fud gan syndod ac arswyd; a thybiais y byddai Wil yn torri ei galon. Ond roedd ei lygaid mwyn wedi troi'n ddwy garreg.

"Own i'n ddisgwl e," chwyrnodd. "Os nad llynedd, eleni. Os nad eleni, flwyddyn nesa. Bydd Jane Hughes yn gwbod beth i wneud. Fi'n mynd i nôl hi."

Cychwynnodd i ffwrdd ar redeg. "Os daw'r torwyr coed," galwodd dros ei ysgwydd, "cadwch nhw bant." Yna diflannodd i'r fforest.

Buom yn sefyll ar ganol y llannerch am ychydig, yn ystyried.

"Cadwch nhw bant!" meddai Dai'n rwgnachlyd. "Iawn! Ond sut?"

"Cei di, Dai, esgus bod yn sâl," gorchmynnodd Siân. "Gelli di wneud hynny'n wych, a gwneud iddyn nhw golli amser yn gofalu amdanat ti. Mae faint o amser gollan nhw yn dibynnu arnat ti a Gwen."

"Fi a Gwen?"

"Ie, achos 'mod i'n mynd adre nawr. Rwy am weithio ar syniad arall. Arhoswch chi fan hyn." Diflannodd Siân hithau i'r fforest.

Canai awel yn ysbeidiol ymysg y canghennau. Ymddolennai dail diog tua'r llawr.

Meddwn i'n betrus: "Dai, faint o ots sy, mewn gwirionedd, os caiff y dderwen ei chwympo? All Wil ddim byw yn y goedwig am byth, na all? Roedd e'n unig cyn cwrdd â

56

ni, a bydd e'n unig eto wedi inni dyfu. Rhaid iddo ddechrau byw fel pobl eraill ryw ddydd. Efallai taw nawr yw'r amser."

"Wil yn byw fel pobl eraill? Go brin! Dianc wnaeth e o'r blaen, a dianc wnaiff e eto."

"Ond gallai ddod i fyw at un ohonon ni. Byddai'n cael gwely cynnes yn y gaeaf a bwyd da."

"Fyddai'n rhieni ni ddim eisiau, a fyddai Wil ddim eisiau chwaith. Wnaeth e ddim aros hyd yn oed gyda John Cawr." Yn sydyn trodd Dai arnaf yn ffyrnig. "Beth sy'n bod arnat ti, Gwen? Pam wyt ti mor wangalon? Wyt ti ddim eisiau helpu Wil?"

Rhaid cyfaddef fy mod weithiau'n lled-ymfalchïo yn anffawd pobl eraill. Dyna'r natur ddynol, gwaetha'r modd. Ond o edrych yn fy nghalon, gwelais nad oeddwn yn ymfalchïo o gwbl yn anffawd Wil. Wrth gwrs fy mod am achub ei goeden. Fan'na roedd e'n perthyn.

"Dai," meddwn i toc, "beth os na fydd y torwyr coed yn credu dy fod ti'n sâl? Beth ddigwyddith os torran nhw'r goeden a darganfod cartre ynddi?"

"Gwell iddyn nhw fy nghredu i, Gwen!"

Nid oedd yn brynhawn i sefyllian. Roedd oerfel yn dringo o'm traed i'm coesau, yn disgyn o'm pen i'm cefn, yn llithro dan fy asennau fel mwg dan ddrws. Er gwasgu fy mreichiau dros fy mrest a chladdu fy mysedd dan fy ngheseiliau, dechreuais grynu.

"Rwy'n rhewi fan hyn," meddai Dai. "Awn am dro."

Aethom heibio i glwstwr o lwyni bythwyrdd, yna i fyny

bryncyn. Ar gopa hwn gwelsom John Cawr yn eistedd, a'i gefn yn erbyn bedwen. Ond ni thalodd sylw inni, a Wil heb fod gyda ni.

Llusgasom ein traed trwy fieri a glaswellt ac ar hyd pantiau dyfrllyd, gan gadw'r llannerch yn y golwg bob amser. Diflas yw cerdded heb unlle i fynd.

Clywais rŵn peiriant yn y pellter. "Mae'r tractor yn dod," meddwn.

"Dos di i'w stopio fe," ebe Dai. "Fe a' i i mewn i'r goedwig." Pwyntiodd: "Draw fan 'cw." Dechreuodd ystwytho cyhyrau ei gorff a'i geg.

Wrth redeg ar hyd y ffordd garegog, tynnais fy ngwallt yn flêr a meginais fy anadl, fel bod golwg helynt gwyllt arnaf. Pan ddaeth y tractor heibio i'r tro, yn fawr ac yn felyn, chwifiais fy mreichiau'n orffwyll nes iddo aros. Stwffiodd y fformon ei ben trwy'r ffenestr. Dan yr het goch roedd wyneb tew a siriol, a'i groen yn dywyll gan flynyddoedd o awyr iach.

"Diar annwyl, 'merch i, beth sy?"

"Mae fy ffrind...fy ffrind yn sâl yn y goedwig."

Cododd fi i'r cab, a'm gosod ar bentwr o sachau rhyngddo ef a'r gyrrwr. "Dangos y ffordd!"

Fe'u stopiais yn ymyl y llannerch.

"Hei!" meddai'r llanc. "Welwch chi'r croesau? Dyma'r coed rydyn ni i fod i'w torri! Duw, mae honna'n un fawr!"

"Ble mae dy ffrind?" meddai'r fformon wrthyf.

"Ffordd yna!"

"Anghofia am y coed, Ifan! Dere!"

Dechreuodd y ddau rasio dros y tir anwastad. Carlamodd Ifan, ar ei goesau main, ymhell ar y blaen. Bu allan o'r golwg am ychydig, ond yna gwegiodd yn ôl tuag atom, a'i wyneb yn las. Roedd wedi tynnu ei het, gan ddangos gwallt byr fel blew brws dannedd.

Sychodd ei dalcen. "Mae'n gorwedd fan hyn."

O bellter, gwelwn goesau Dai yn cicio'r awyr. Roedd ei gorff a'i ben ynghudd y tu ôl i goeden.

Rowndiodd y fformon y goeden, ac fe'i clywais yn tynnu ei anadl ato.

"Paid gadael i'r ferch fach ei weld e!" gorchmynnodd.

Felly prysurais i'r lle.

Roedd ceg Dai ar sgiw, a'i drwyn yn ymestyn i gwrdd â'i ên, a'i dafod allan fel blanced yn crasu. Roedd un llygad ar agor, a'r amrant ar goll yn ei wallt. Roedd y llygad arall ar gau ac yn crwydro i ochr ei foch.

"Mae'n cael ffit," meddwn. "Rhaid mynd â fe i'r sbyty. Mae'r sbyty'n gwybod beth i'w wneud." Yn ein cwm ni mae'r ysbyty, ond mae'r daith yno mewn car o'r rhan honno o'r goedwig yn hir.

Rhoesant Dai i orffwys ar lawr y drol, yng nghanol llanastr o naddion, llifiau, bwyeill a thalpiau pren. Ar hyd un ymyl i'r drol gorweddai boncyff coeden, lle'r eisteddodd y fformon a minnau.

Gyrrodd y llanc ar ruthr o gwmpas y llannerch, nes i'r tractor wynebu'r ffordd y daeth, a bu raid imi gydio'n sydyn yn ochr y drol. Suodd bwyell dros y llawr, heibio i'm troed. Synnais fod tractor yn medru mynd mor gyflym.

"Y bobl ifanc 'ma," mwmialodd y fformon.

Ar ôl hanner milltir herciog daethom at lain agored yng nghysgod coed tywyll. Roedd yno bentyrrau o foncyffion, gweithdy pren, a fan felen.

Wrth i'r ddau goedwigwr osod Dai ar ei orwedd yn y fan, sylwais ar nifer o sticeri ar y ffenestr gefn: Cwm-hir Car Club, Penmynydd Rally a'u cyffelyb.

"Dal yn dynn," ebe'r fformon wrth imi eistedd ar bwys Dai.

Neidiodd y llanc i'r sedd yrru, a thanio'r injan. Dyna sŵn rhyfedd am injan fan, meddyliais.

Eisteddodd y fformon wrth ochr y gyrrwr. "Ewch lawr i'r briffordd, yna i'r draffordd, yna'n ôl i fyny'r cwm arall!" gwaeddodd.

"Mae'n bell," meddai'r llanc yn fodlon. "Gwell inni'i siapo hi!" Ag un symudiad lluchiodd y gêr, ciciodd y sbardun, troellodd y llyw. Llamodd y fan yn wysg ei hochr nes anelu i lawr y lôn, ac i ffwrdd â ni.

Dyma sgrialu o gornel i gornel, drybowndio dros dwll a charreg. Roeddwn i'n sboncio fel punt mewn tun.

"Gan bwyll bach, neu fe fyddwn ni i gyd yn y sbyty!" galwodd y fformon. Ond pwysodd y llanc yn nes fyth dros y llyw, gan noethi dannedd y blaidd ar ei gefn.

Daethom allan i'r briffordd: ffordd gul rhwng tai teras, yna rhwng siopau. Rhoes y gyrrwr ei oleuadau ar fflach, a gwasgu'r corn fel seiren. Aeth trwy olau coch ac yn erbyn stryd unffordd. Gwyrodd ceir eraill o'r neilltu i'w osgoi. Neidiodd pobl am y pafin.

"Mae'n wallgof!" meddyliais. Ond na, cyflawni ffantasi yr oedd, a hynny am fod Dai wedi rhoi esgus iddo.

Cymerais gip ar Dai. Roedd yr olwg arno mor arswydus nes gwneud i minnau bryderu, bron.

Dihangodd y dref o'n hôl, ysgubai gwrychoedd heibio megis niwl. O'n blaen roedd lori betrol, yn mynd dow-dow a gwrthod ildio'r ffordd. "Ydy e ddim yn gweld ein bod ar frys?" hisiodd y gyrrwr, a gwasgu heibio i'r lori ar dro dall.

Roedd gwaith ar y ffordd, a'r golau yn ein herbyn. Ond rhuthrodd y fan ymlaen gan daflu conau streip i bob cyfeiriad.

Wedi cyrraedd llonyddwch y draffordd, trodd y fformon ataf. "Ydy'ch ffrind yn cael ffits fel hyn yn aml?"

"Ddim yn aml iawn. Weithiau mae'n dod drostyn nhw ei hun, weithiau mae'n gorfod cael triniaeth."

Wrth inni droi i fyny'n cwm ni, gwelais gar heddlu yn cychwyn ar ein hôl. Os cawn ein dal, meddyliais, buan y gwelir bod Dai a minnau'n ffugio. Ond ymhen eiliadau gadawyd y car glas o'r golwg.

"Fe fyddwn ni'n cyrraedd mewn dwy funud," meddwn yn uchel.

Cyn pen canllath daeth Dai ato'i hun. Diflannodd ei dafod, sythodd ei geg, unionodd ei dalcen. "Hei! Be' dwi'n wneud yn y fan 'ma?" gofynnodd.

Syllodd y fformon arno'n syn. "Rwyt ti'n sâl. Neu mi roeddet ti. A dyma'r sbyty!"

Roedd y fan wedi sefyll. Agorodd y fformon ddrws y cefn inni. "Rwyt ti wedi gwella'n hynod o sydyn," meddai'n amheus.

"Fe fuoch chi'n garedig iawn," ebe fi. "Fe a' i ag e nawr i weld y meddyg."

Daeth y gyrrwr o amgylch y fan, a'i wyneb yn disgleirio gan gyffro'r daith. "Wedi cyrraedd mewn da bryd i gael te, Jim," meddai wrth y fformon.

Dechreuais ddringo grisiau llydan yr ysbyty, a Dai'n esgus pwyso ar fy ysgwydd. "Roedd y fformon 'na yn foi iawn," meddwn. "Doeddwn i ddim yn hoffi ei dwyllo fe."

"Rhaid yw rhaid, ontefe?" atebodd Dai.

Cyn gynted â bod y fan wedi ymadael, aethom adref am doc o fara jam, yna brysio'n ôl i'r goedwig.

Gwelsom Siân trwy'r coed, yn cerdded y llannerch ar ei phen ei hun, yn ofidus.

"Ble buoch chi cyhyd?" meddai pan ddaethom i'r golwg. "Rwy angen eich help."

Dan ei braich roedd blwch hir, a sticer sgarlad Siop Hud ei thad arno. Fe'i hagorodd. "Tegan bach i godi braw ar y torwyr coed," meddai'n gynhyrfus.

Gorweddai'r peth mewn nyth o bapur sidan. Roedd yn unionsyth, arianlliw, a hanner llathen o hyd; ar ei gefn roedd patrwm igam-ogam glas.

"Ffliwt?" holodd Dai.

"Neidr," meddai Siân, gan ei hestyn i mi.

Cyffyrddais â phlastig oer, fel llysywen o slip a hyblyg.

"Gwen, dy gyfrifoldeb di yw hon. Rhaid iti ddysgu ei gweithio a'i rheoli, a hynny'n glou, cyn i'r coedwigwyr ddod."

Yna rhoddodd Siân flwch rheoli imi, a'i esbonio. Roedd y blwch yn rheoli'r neidr o hirbell (trwy radio, meddai). Roedd iddo ffon lywio, debyg i gêr car. I lywio'r neidr i gyfeiriad arbennig, rhaid oedd gwthio'r ffon i'r cyfeiriad hwnnw. "Galeta byddi di'n gwthio, gyflyma aiff y neidr," meddai Siân. "A dyma fotwm sy'n gwneud i'r creadur godi ei ben."

"Ga i drio?" meddai Dai.

"Na chei. Byddet ti'n ei thorri."

Rhoddais y neidr ar lawr, a gwasgu'r ffon lywio; ond yn rhy ysgafn – ni symudodd y neidr. Gwasgais yn galed. Suodd y creadur fel saeth dros y llannerch nes bron â'i gladdu ei hun yn y llwyni'r ochr draw.

"Stopia!" sgrechiodd Siân. Gollyngais y ffon. Arhosodd y neidr.

"Gan bwyll gyda honna," meddai Siân yn sych. "Mi fachais hi o siop fy nhad. Mi aiff e o'i go os collwn ni hi."

Buan y dysgais reoli'r neidr. Toc roedd hi'n llithro'n llathraidd dros bridd a phorfa, gan ymnyddu ei chorff fel neidr iawn. Gwyrai o gylch rhwystrau. Sawl tro gwneuthum iddi godi ei phen er mwyn dringo dros frigau.

"Pert," meddai Dai'n sur. "Ond mae'r lliwiau'n anghywir. Pwy erioed welodd neidr sgleiniog? Wnaiff hi byth dwyllo'r torwyr coed."

"Cyn hir bydd yn rhy dywyll iddyn nhw weld y sglein," meddai Siân. "Ac mewn hanner awr bydd yn rhy dywyll iddyn nhw dorri coed, chwaith."

Gadewais i'r neidr orffwys, rhag ofn disbyddu'r batri.

"Os daw'r dynion, ewch chi'ch dau o'r golwg," mynnodd Siân. "Fe wna i siarad â nhw."

Treiglodd munudau heibio. Gorlifodd cysgodion o'r goedwig i'r llannerch, gan droi pob lliw yn llwyd.

"Efallai ddôn nhw ddim," meddai Dai.

Ar hynny clywsom sŵn y tractor yn nesáu ar hyd y lôn geirt.

Cipiodd Siân y neidr, rhedeg â hi at ymyl pellaf y llannerch, a'i chuddio dan fieri. Ymhen ychydig, gyda rhu, cyrhaeddodd y tractor a'r drol, a neidiodd y ddau goedwigwr allan.

Trodd Siân i'w hwynebu. Er gwaethaf ei sgarff a'i chot drwchus, rhaid cyfaddef ei bod hi'n edrych yn hynod swynol: yn fain a gosgeiddig a'i gwallt yn olau, hir.

"Ydych chi wedi dod i dorri'r coed?" holodd yn fwyn.

"Ydyn," meddai'r fformon. Er yn hynaws, nid oedd lawn mor hynaws ag y bu'r prynhawn yna.

"Ydych chi ddim ofn y nadredd?"

"Pa nadredd?" gofynnodd y llanc yn gyflym.

"Does dim nadredd yn y goedwig hon," meddai'r fformon yn oeraidd. "Ac fe ddylwn i wybod."

"Fe welais i un gynnau fach," ebe Siân.

Anwybyddodd y fformon hi. "Ifan!" gwaeddodd. "Dos i nôl y llif!"

Roedd y llanc yn ddigon balch o godi ei draed o'r llawr. Llamodd i'r drol ar unwaith, yna gostwng y llif yn garcus dros yr ochr cyn disgyn ei hun.

"Ond beth am y neidr?" meddai Siân wedi drysu.

"Dyw nadredd ddim yn beryg, 'merch i. Maen nhw'n swil iawn ac yn ofnus."

Aeth y fformon â'r llif draw at dderwen Wil. "Dere, Ifan. Dyma'r goeden fwya. Fe ddechreuwn ni yma."

Rhaid oedd i Siân wneud rhywbeth yn ddi-oed. "Dyna'r neidr nawr!" llefodd gan bwyntio. Llywiais y creadur i'r amlwg ar ymyl y prysgwydd.

"Dwi'n ei gweld hi! Dwi'n ei gweld hi!" gwichiodd y llanc. Tynnodd ei het a rhwbio llaw bryderus drwy ei wallt crop. "Does dim sens gweithio a honna fan'na!"

Ochneidiodd y fformon yn ddiamynedd. Aeth dwmp-damp at y drol, codi bwyell a phrysuro i gyfeiriad y neidr. Llywiais hi'n ôl ar frys i gysgod y llwyni.

"Allwch chi mo'i lladd hi!" protestiodd Siân. "Mae'n anifail prin!"

"Bydd yn brinnach fyth chwap!"

Dechreuodd y fformon golbio'r prysgwydd â'r fwyell, gan godi cawod o bridd a brigau. Ceisiais yrru'r neidr yn llechwraidd i ochr draw'r llannerch heb iddo ei gweld, ond sylwodd, cwrsodd, a bu bron â'i dal ar fin y mieri.

Aeth ati i ffusto â'r fwyell drachefn.

"Nid dyna'r lle. Triwch bellach i'r chwith," awgrymodd Siân yn dwyllodrus.

"Diolch, 'merch i," meddai'r fformon. "Cadw dy lygad arni." Ond daliodd i guro yn yr un lle ag o'r blaen.

Ceisiodd Dai afael yn y blwch rheoli. Gwthiais ei law ymaith â slap.

Cefais syniad. Llywiais y neidr i ganol y llannerch a'i hatal dan fola'r drol, gan dybio na fyddai hyd yn oed y fformon yn beiddio mynd wyneb yn wyneb â hi dan fan 'na.

Ond "Ifan!" galwodd hwnnw. "Symud y drol!"

Neidiodd y llanc yn ewyllysgar i'r tractor a gyrru i ffwrdd a'r drol i'w ddilyn, gan godi cwysi ir yn y llaid. Ceisiais innau symud y neidr fel ag i'w chadw'n saff dan y drol.

"Aros funud," meddai'r fformon yn sydyn. "Mae'r creadur 'ma'n rhy gyfrwys o'r hanner. Ifan! Stopia'r tractor!"

Safodd y tractor; plygodd y fformon i fynd o dan y drol; llywiais y neidr allan tua'r prysgwydd; pwysodd y llanc o'r cab – a gollwng sach dros y neidr yn dwt fel top tarten. Gwneuthum i'r creadur wingo'n ffyrnig, ond methais â'i ryddhau. Disgynnodd llafn ddur arno o uchder a'i lonyddu.

Cododd y fformon y sach. "Plastig!...Gwifrau!...Ble mae'r ferch ddiawl 'na?"

Ond roedd Siân eisoes ynghudd gyda ni yn y llwyni, yn crynu.

"Awn ni adre, Jim," clywsom y llanc yn erfyn. "Mae hi bron yn nos."

"Na awn, wir! Gydol prynhawn, wn i ddim pam, bu rhyw hen blant yn ceisio'n rhwystro ni rhag torri'r coed 'ma. Ond fe dorrwn ni nhw er eu gwaetha! Tro oleuadau'r tractor ymlaen!"

Yn ymyl derwen Wil roedd siâp fel arth yn sefyll, yn

gysgod bygythiol.

"Ewch adre!" chwyrnodd â llais John Cawr.

Neidiodd y ddau mewn braw i weld pwy oedd wedi siarad.

"Ond mae gennyn ni waith i wneud yma...," dechreuodd y fformon yn nerfus.

"Wyt ti'n gwybod pwy ydw i?"

"Ydw..."

"Wel ewch adre!"

Ciliodd y fformon ar ffrwst am y tractor, a'r llanc wrth ei gwt, a llais taranllyd John Cawr yn eu dilyn:

"Gadwch y drol lle mae hi!...Iawn...Nawr ffwrdd â chi!"

Dihangodd rhu a golau'r tractor i'r tywyllwch.

8. GWYRDD

Roedd llusern yn nesáu trwy'r coed. Yn ei golau ach-lysurol gwelwn ddau ffigwr, gwraig bitw fach a bachgen. Gwyddwn, wrth ei chap a'i sgert hir, mai Jane Hughes oedd hi; ac mai Wil oedd ef. Roedd ei llaw'n gorffwys yn famol ar ei lawes.

Wrth iddynt ddod allan i'r llannerch, sylwais fod Siân a Dai a minnau, yn ddiarwybod inni, wedi casglu'n rhes ufudd.

Hwn oedd y tro cyntaf imi gwrdd wyneb yn wyneb â Jane Hughes, er imi ei gweld droeon o bellter.

Deallais ar unwaith pam byddai pobl yn ei hosgoi. Trwy ffenestr ei llygaid disgleiriai ysbryd cryf, llawn awdurdod a dyfnderoedd dieithr. Camais yn ôl mewn braw.

Roedd croen ei bochau fel hen tsieni: yn frau, yn dryloyw bron, ac yn we o fân linellau.

Roedd ei llais, pan siaradodd, yn llonydd a thywyll, gyda gwreichion o oleuni, fel nant yn llifo dan geulan. Meddai wrthym: "Mae noson o waith o'ch blaen. Ewch adre nawr i orffwys. Dewch yn ôl gynta gallwch chi."

Plygodd Siân i godi gweddillion y neidr, ond ataliodd Miss Hughes hi â'i llaw. "Gad bopeth yn union lle mae."

"Allwch chi drwsio hon?"

Poerodd Jane Hughes ei hateb. "Alla i ddim iacháu peiriannau!"

Wrth inni gerdded adre trwy'r goedwig, meddai Siân: "Dwi ddim yn siŵr ei bod hi'n ein hoffi ni."

"Pam?" meddwn i. "Fe ofynnodd hi inni ddod yn ôl heno, on'd do?"

"Rwy'n siŵr o un peth," meddai Dai. "Faswn i ddim eisiau hi fel gelyn."

Daethom i'r lôn. Islaw roedd ein hunig bostyn lamp yn disgleirio'n ffyddlon ar wynebau llwyd ein tai.

Euthum yn syth i'r gegin a gwneud coffi a brechdanau caws, a gludais i'r ystafell fyw, lle'r oedd Mam yn gweu a Nhad yn hepian o flaen y teledu. Roedd hi'n gynnes a chysurus yno. Cyn hir dechreuodd fy llygaid gau.

"Rwy'n mynd i'r gwely," meddwn.

"Mae'r awyr iach yn gwneud lles iti," meddai Mam.

Tuag un ar ddeg dihunais yn sŵn fy rhieni'n dringo'r staer. Ychydig wedyn clatsiodd dyrnaid o ro ar fy ffenestr, a disgynnais i'r stryd ar flaenau fy nhraed, gan guddio allwedd drws y ffrynt dan y fricsen. Roedd Dai a Siân yn disgwyl amdanaf y tu hwnt i olau'r lamp.

Roedd y goedwig yn fyw gan sŵn a symud cynnil. Clywais gri gwdihŵ, a thraed bach ofnus dan berthi, ac awel gwynfannus ymysg y brigau. Dai aeth ar y blaen, gan oleuo'r ffordd â'i fflachlamp, a chofiais y tro cyntaf inni grwydro'r coed liw nos, amser y syrthiasom i fagl Wil. Pryd hynny, mor golledig oeddem; nawr, mor hyderus yn dilyn llwybr a fyddai'n anweledig i neb ond ni. Gwyddwn bob eiliad yn union ble'r oeddwn.

Ond wrth agosáu at lannerch Wil, aeth symud yn fwy anodd. Roedd yn ymdrech gosod un troed o flaen y llall, fel petaem yn cerdded yn erbyn afon nerthol.

Edrychais i fyny. Roedd y cymylau, yn lle hwylio dros wyneb y lleuad, yn gorffwys arno fel cadachau ar wyneb corff.

"Ai fi sy wedi blino," meddai Dai, "neu oes rhywbeth yn ein dal ni'n ôl?"

Aeth cwyn y gwynt yn arafach a dyfnach; a rhwng pob pitrwn a phatrwn o'r traed bach yn y llwyni, roedd saib. Byrhaodd pelydr y fflachlamp.

Yna yn sydyn, cawsom ein hun yn rhydd, ar ymyl llannerch Wil. Yng nghefnfor y nos roedd y llannerch yn ynys o oleuni; a hwnnw'n oleuni gwyrdd.

Deuthum o hyd i ffynhonnell y goleuni: llusern fach yn sefyll wrth fôn y dderwen. Er bod ei golau mor gryf, nid oedd disgleirdeb y tu mewn i'r llusern.

Peth rhyfedd: roedd yr holl goed a ymylai'r llannerch yn amlwg a chyflawn, fel pileri eglwys. Ond y tu ôl iddynt roedd düwch di-fwlch, fel llen.

Roedd y llannerch yn wag – pobl, trol, a neidr wedi mynd, a'r croesau gwynion wedi diflannu oddi ar y coed. Ac roedd holl glebran y goedwig wedi gostegu, gan adael distawrwydd mawr. Gwelais rywbeth a wnaeth i'm gwallt sythu: tylluan, ddwylath uwch llawr y llannerch, yng nghanol yr awyr, yn gwbl lonydd.

Roedd crafangau'r dylluan ar agor; ac ar lawr odanynt roedd llygoden ddisymud yn ceisio dianc, a'i phedair coes ar estyn gwyllt.

Ceisiais godi'r llygoden i'w hachub, ond llithrodd fy mysedd o'i hamgylch, heb ei chyffwrdd.

"Gwaith Jane Hughes yw hyn," sibrydodd Siân yn grynedig.

"Dwi am fynd adre," ebe Dai.

Ond ni fedrem adael y llannerch. Roedd mur anghyffwrdd rhyngddi a gweddill y goedwig. Ac ni allem weld y tu hwnt i'r mur. Yr ochr yma roedd llwyni, coed, goleuni gwyrdd; yr ochr draw, diddymdra.

Yna gwelsom adwy: llwybr gwyrdd, tair llathen o led, a'n harweiniodd allan o'r llannerch ac ar hyd y lôn geirt, tua'r dde. Cleciodd ein sodlau ar y cerrig, rhwng muriau du.

Ymhen canllath daethom at dro. O'i rowndio, dacw'r drol yn sefyll wrth fin y lôn. Yn ei hymyl roedd berfâu a cheibiau, bwyeill, a holl offer y coedwigwyr; ac ychydig o'r neilltu safai nifer o fwcedi â gwahanol hylif ym mhob un. Roedd hefyd fwrdd bach, wedi ei osod yn dwt â lliain, cwpanau pren, plataid o gacennau crwn, a siwg.

Yma trodd y llwybr gwyrdd o'r lôn gan ymagor ar ail lannerch.

Roedd y llannerch newydd yn bur wahanol i lannerch Wil. Roedd y coed cylchynol yn nes, y dderwen ganolog yn llai, a'r llawr yn flerwch o laswellt, llwyni, manwydd.

Roedd yma bobl. Cerddodd John Cawr heibio inni yn cario coeden ifanc, a daflodd i'r drol ar ben crugyn o goed eraill. Ac roedd Jane Hughes a Wil yn sefyll wrth y dderwen ganolog, Wil yn dal bwced, a Jane Hughes yn rhwbio hylif o'r bwced ar y pren. Cefais argraff freuddwydiol fod y pren yn chwyddo o dan ei dwylo. Ar y gangen isaf roedd llusern werdd yn crynu gyda chryniadau'r goeden.

Daeth Jane Hughes atom rhwng y llwyni, yn heini fel deryn. Safodd yn ymyl y bwrdd.

"Dyma'ch swper," meddai. "Bwytewch."

Doedd gen i ddim awydd profi cacennau Jane Hughes, ond roedd rhaid. Roeddynt yn gras, ac yn anodd eu llyncu.

Wedyn arllwysodd ddiodydd tywyll inni o'r siwg.

"Yfwch. Yn araf."

Cymerais un defnyn chwerw ar fy nhafod. Roedd yn boeth fel sinsir; yn eiriasboeth! Caeais fy llygaid nes i'r poen liniaru.

Llyncodd Dai ormod. Cerddodd mewn cylchoedd am ychydig, a gleiniau o chwys ar ei dalcen.

"Yfwch bob dim," gorchmynnodd Jane Hughes.

Yna estynnodd dair caib inni. "Rwyf am ichi fynd trwy'r llannerch o ben bwy gilydd, gan lacio'r pridd o gwmpas y planhigion."

Roedd y llannerch yn llydan; ond roedd y ceibiau'n fyw yn ein dwylo. Ysgwydd wrth ysgwydd torasom lwybrau trwy'r manwydd, gan dasgu pridd yn gawodydd.

Roedd John Cawr yn ehangu cylch y llannerch trwy wthio'r coed mewnol tuag allan. Aeth rhai o'r coed o'u gwirfodd, gan lusgo'u gwreiddiau trwy'r ddaear. Ond safodd eraill eu tir yn styfnig nes i John fygwth torri eu canghennau.

Roedd yn amlwg nawr bod y dderwen ganolog yn tyfu. Roedd ei bôn a'i cheinciau'n magu cyhyrau, a rhyw furmur iach yn ymledu ohoni. Aeth Jane Hughes a Wil i nôl bwced arall, a dechreusant wasgaru hylif ohono ar y tir yr oeddem newydd ei falurio.

Gwrthododd un ffawydden braff ildio i John Cawr. Gwthiodd ef, gwthiodd hithau'n ôl. Rhoes ef ei freichiau am ei boncyff, rhoes hi ddwy gangen am ei ganol. Yn sydyn syrthiodd y ddau i'r llawr. Y ffawydden gafodd yr uchaf, a dechreuodd wasgu'n ffyrnig ar asennau'r cawr. Rhedodd Siân am fwyell, ond cyneuodd Jane Hughes ffagl yn y llusern, a'i dodi ymysg gwreiddiau'r ffawydden. Gwaeddodd y goeden, a llaesu'i gafael, a chripiodd John Cawr allan. Yna cerddodd fflamau gwyrdd ar hyd a lled y pren, a'i ysu'n lludw. Bu'r coed eraill yn ufudd wedyn; ond ni heriodd John mo'r rhai cryfaf.

Lle dyfriodd Jane Hughes a Wil o'r ail fwced, dechreuodd y planhigion wingo megis mewn corwynt. Dirwynodd pob un ei wreiddiau i fyny, allan o'r pridd toredig: gwreiddiau hir, cwta, tew, blewog, rhwydog, yn ymdynnu o'r dyfnder fel abwydod, yna'n gorffwys yn llipa ar y llawr. Ymhen ychydig roedd y llannerch yn llonydd eto.

"Llenwch y drol â'r planhigion," meddai Jane Hughes wrthym. Yna cerddodd ymaith tua llannerch Wil, a Wil wrth ei sodlau gyda'r trydydd bwced. Gorweddodd John ar fin y llwybr i orffwys.

Dyna lle buom ni, Siân a Dai a minnau, pob un â berfa, yn gwibio o amgylch y llannerch fel cythreuliaid mewn uffern werdd. Rhedai nerth trwof ar hyd gewynnau fel copor gloyw. Chwarddais gan esmwythed y gwaith, a chwarddodd y lleill. Cyn hir roedd y drol yn ei chwrcwd dan fynydd o blanhigion, a'r llannerch yn anialwch o bridd briw.

Yna cododd John Cawr o'i orffwys a mynd at flaen y drol. Dododd raff trwy'r ddolen fachu, cymryd y ddeupen dros ei ysgwyddau, gostwng ei ben, ac ymroi i dynnu fel ych. Chwyddodd cyhyrau anferth ar ei freichiau, coesau a chefn. Suddodd ei draed yn y lôn fel pe bai honno wedi'i llunio o laid yn lle cerrig. Ac yna dechreuodd yr olwynion droi, yn araf, ac yna'n gyflymach, a symudodd John a'r drol ymaith, a ninnau'n dilyn gyda'n berfâu.

Arhosodd y drol ar ymyl llannerch Wil. Roedd Jane Hughes a Wil eisoes yn dyfrio yno.

"Gwagiwch y drol," ebe Jane Hughes wrth y cawr; ac wrthym ni, "Gwasgarwch y planhigion o'r drol hyd y llannerch."

Cropiodd John Cawr tuag yn ôl rhwng olwynion blaen y drol. Cododd ei gefn fel cath, a hwpio i fyny yn erbyn yr echel. Toc dechreuodd blaen y drol esgyn, a'r cefn ddisgyn, a chwympodd llwyn allan. Bob yn dipyn symudodd y llwyth, yna powliodd y cyfan yn bendramwnwgl i'r llawr. Cododd John Cawr yn fuddugoliaethus ar ei draed, a'r drol yn hongian o'i wegil fel mantell.

Aethom ati i wasgaru'r planhigion; a sylwais fod eu gwreiddiau, a giliodd o'r pridd arall, yn turio'n wancus i'r pridd hwn, gan dynnu'r planhigion i fyny ar eu sefyll.

Wrth inni orffen, daeth Wil atom. Sylweddolais gyda

brath o boen iddo fod wrth ffedog Jane Hughes trwy'r nos, heb sylwi arnom bron. Meddai:

"Mae Jane Hughes yn dweud, 'Diolch. Nawr cewch orffwys.'"

"Gwell gen i fynd adre," ebe Dai.

"Dim eto. Nes ymlaen."

"Beth amdanat ti?" holodd Siân.

"Mae mwy o waith gen i."

Gollyngodd Wil y rhaff inni ddringo i'r dderwen. Aethom trwy'r drws yn y rhisgl a gorwedd yn anfoddog ar y gwely rhedyn.

Ni allwn gysgu, felly euthum allan ar y gangen eto. Gwelais fod y tyfiant newydd yn y llannerch eisoes yn fwy trwchus nag y bu, ond roedd y golau'n wannach, a hongiai myrdd o emralltiau llachar yn yr awyr. Daliais un ar fy mys, a throdd yn ddefnyn glaw. Gerllaw, roedd y dylluan yn disgyn yn araf araf, fel petai lastig yn ceisio ei dal i fyny, ac roedd y llygoden fach yn rhuthro â chyflymdra malwen am loches dail.

Dychwelais i'r gwely.

Gwelais fflach mellten trwy hollt ym mur y dderwen. Boddodd taranau sŵn y gwynt oedd yn boddi dwndwr y glaw diorffwys. Ar hyd y goedwig roedd yr elfennau'n brwydro.

Roedd gwawr yn llwydo'r hollt. Gelwais yn floesg:

"Siân! Dai! Dewch. Rhaid mynd adre cyn i'n rhieni godi!"

Y tu allan, lle bu'r llannerch, gwelsom jyngl: brigau gwyrdd yn llwythog o aeron; gwiwerod, adar amryliw; glaswellt at ein hysgwyddau; mieri'n diferu mwyar. Wedi'r storm, roedd pob deilen yn ddisglair gan wlybaniaeth, a'r awyr yn felys a glân.

Dilynasom lwybr bach o'r dderwen, a'r llaca'n sugno'n traed. Ar bob llaw clywid platsh, platsh y dafnau mwyn yn disgyn. Gwnaeth yr oerfel imi besychu.

Aethom rhwng dwy onnen i'r goedwig gyffredin. O'r tu allan nid oedd na'r llwybr na'r dderwen i'w gweld, dim ond un cruglwyth enfawr o wyrddlesni.

Clywais dractor y coedwigwyr yn y pellter. "Maen nhw'n gynnar!" meddwn.

"Eisiau gwneud i fyny am yr amser gollon nhw ddoe," ebe Siân.

Aethom i guddio yn y llwyni ar fin y llannerch newydd a gliriwyd gennym yn y nos.

Roedd y llannerch, mae'n wir, yn eithaf tebyg i lannerch Wil, fel y bu. Dyna dderwen braff, a chroesau gwynion, a'r drol, a gweddillion y neidr; ac roedd y llawr, ar ôl y glaw, yn glytwaith o ddŵr a llaid. Ond poenais am y coed mawr unig ar dir agored, y rhai na fentrodd John Cawr mo'u symud.

Pasiodd y tractor yr hen lannerch heb betruso, a safodd yn y llannerch newydd. Aeth y llanc i'r drol i nôl y llif.

"Ydyn nhw ddim yn gweld y gwahaniaeth?" sibrydais.

"Dydyn nhw ddim yn gweld dim ond eu hoffer a'u croesau," meddai Siân. "Lle gwelan nhw groesau, fe dorran nhw goed."

Rhedasom adre drwy las y dydd. Er bod yr haul â'i drwyn ar y gorwel, roedd y lamp o flaen ein tai yn dal ynghynn. Ymhell yn y goedwig dechreuodd llif riddfan.

"Bydd rhaid ichi helpu i dalu am y neidr 'na," meddai Siân.

Datglois y drws, a sleifio i fyny'r grisiau i'm gwely meddal, cynnes.

9. Y DREF

Prynhawn trannoeth aethom eto i'r goedwig. Buom yn syllu am ychydig ar y llannerch newydd, a'i bonion cignoeth a'i phridd briw, cyn dod at y twmpath gwyrdd lle llechai derwen Wil.

Bu'n arfer gennym beidio â mynd at y dderwen, oni bai bod Wil yn ein gwahodd, rhag tynnu sylw dieithriaid ati. Ond nawr tybiem y byddai'r tyfiant trwchus yn ein celu; ac roeddem eisiau gwybod sut roedd y cynnwrf neithiwr wedi effeithio ar Wil.

Cawsom hyd heb drafferth i'r ddwy onnen, a'r adwy rhyngddynt, a'r llwybr yn arwain at y dderwen.

Roeddwn i'n disgwyl i Wil fod yn llawen a diolchgar, ar ôl i'r dderwen gael ei hachub. Ond i'r gwrthwyneb, roedd mewn tymer sur a chaled. Meddai'n syth, "Fi wedi bod yn meddwl. Fi am fynd gyda chi i'r dre."

I'r dre? Ar unwaith cododd amheuon ynof. Allai dim da ddod o hynny! Nawr fod Wil yn ddiogel eto, pam na fynnai aros yn ddiogel?

"Mae pobl y dre'n dod fan hyn a difetha popeth," ychwanegodd Wil yn gras. "Nawr fi eisiau mynd fan 'na. Fi eisiau gweld nhw. Fi wedi blino ar redeg i ffwrdd. Fi wedi blino ar guddio."

"Gwych!" meddai Dai'n ysgafala. "Dere di i'r dre. Bydd hynny'n hwyl."

"Elli di byth fynd fel ag yr wyt," meddai Siân. "Rhaid iti gael dillad glân – a bath, yn fwy na dim."

Roedd y stafell yn y goeden heb ei thwtio ers neithiwr, ac roedd gwrthbannau'n blith draphlith ar y gwely rhedyn. Dychmygais Wil wedi'i lapio ynddynt fel claf, yn cnoi am oriau ar ei feddyliau dicllon newydd.

Bore Sadwrn roedd y glaswellt yn grimp gan farrug, ond cawsom Wil yn aros wrth y bwlch arferol rhwng y lôn a'r goedwig. Rhoddodd Siân a Dai bob un gwdyn plastig iddo.

"Dyma'r dillad," ebe Dai.

"A dyma'r pethau 'molchi," meddai Siân. "Wyddost ti sut i ddefnyddio sebon a siampŵ?"

"Mi ges i fath pan own i'n grwt. Ti ddim yn cofio?"

Roedd Wil yn gwybod am lecyn yn y fforest lle cronnai nant fach yn bwll. Ymadawodd yn dalog am ei drochfa ddŵr oer, a'r ddau gwdyn yn siglo'n lliwgar o'i ddwylo wrth iddo ddiflannu rhwng y coed.

Daeth yn ôl ymhen tri chwarter awr, a dyna oedd y tro cyntaf imi ei weld yn blaen yn erbyn cefndir y goedwig. Roedd yn gwisgo rhai o hen ddillad Dai – jîns carpiog, anorac coch a sweter las; a rhoddai'r lliwiau amlinell iddo, fel darlun wedi ei dorri allan o gylchgrawn. Cerddai'n drwsgl mewn esgidiau rhy fawr, ond roeddem wedi dod â phapur i'w roi ynddynt.

O'i weld ar ei newydd wedd, sylweddolais eto mor gathaidd ac effro oedd ei symud; a hefyd mor swil.

"Hanner dyn, hanner sebra," meddai Siân. Cipiodd wlanen wlyb o gwdyn y deunydd 'molchi, a dechrau sgrwbio'r streipiau baw oddi ar wyneb Wil.

"Own i'n pallu gweld wyneb fi," ebe yntau, gan ddangos llaw berffaith lân.

Estynnodd Siân grib o'r cwdyn a cheisio llyfnu ei wallt, a oedd wedi llamu i fyny'n wifrau ar ôl colli ei fudreddi.

"Gad lonydd iddo," meddai Dai ymhen ychydig. "Does neb yn poeni am wallt pobl."

Cychwynasom i lawr tua'r dref. Roedd yn anodd credu mai Wil oedd perchen y siâp glir a'r arogl sebonaidd a oedd yn cadw cwmni inni. I gredu hynny, rhaid oedd gwrando am ei gam anhyglyw.

Daethom i'r sgwâr yng nghanol y dref. Bu Wil ers tro fel sosban yn berwi, yn methu rheoli ei gyffro wrth fod ymysg pobl drachefn. Rhedai yma a thraw, neidiai ar ben muriau er mwyn gweld yn well, crynai gan ryw sioncrwydd anesmwyth.

Yn y sgwâr roedd llyn bach, gyda ffynnon yn lluchio dŵr i'r entrych, a ffens oddi amgylch, tuag uchder gwasg dyn. Sgipiodd Wil ar y ffens a rhedeg ar hyd-ddi fel acrobat ar raff dynn. Plygodd ac yfed dracht o'r dŵr llwydaidd. Estynnodd ei law a thynnu o'r awyr golomen oedd yn hedfan heibio.

Roedd gwynt oer yn chwipio dŵr y ffynnon dros y sgwâr, a'r ychydig bobl yn prysuro heibio â choleri eu cotiau hir i fyny; ond safodd pawb i wylio giamocs y crwt wrth y llyn.

Penderfynasom geisio ei ddenu oddi yno, ac aethom tuag ochr y sgwâr, gan groesi ffordd lle roedd y drafnidiaeth newydd sefyll o flaen golau coch. Chymerodd Wil ddim sylw ohonom, nes iddo weld heddwas yn brysio tuag ato. Yna rhedodd i ymuno â ni. Roedd y ceir eisoes yn symud eto, ond neidiodd Wil ar foned un, yna ar do'r un nesaf, nes disgyn yn ein hymyl a'i lygaid yn pefrio.

"Pwy yw'ch ffrind?" gofynnodd llais cyfarwydd y tu ôl inni, llais Mrs Morgan ein hathrawes. Dyna anlwc iddi'n gweld yr eiliad yna.

"Dim ond rhywun sy'n byw ar y mynydd," atebodd Siân chwap, a rhuthrasom ymaith cyn y gallai Mrs Morgan ein holi ymhellach.

Dianghasom i siop fferyllydd fawr. Wrth groesi'r rhiniog, aethom trwy don o awyr gynnes, a safodd Wil i olchi ei groen a'i ysgyfaint yn y gwres caredig. Am eiliad bu'n meddwi ar arogleuon y moddion a'r persawrau. Yna dechreuodd gwyno: "Fi'n methu 'nadlu! Fi'n mynd i fod yn sâl! Fi eisiau mynd allan!"

Daethom at siop fwyd. Oedodd Wil ar y trothwy am foment, gan astudio'r llwybrau hirion, a'r clymau o wragedd a throlïau yn ffurfio a chwalu. Yna prysurodd ar hyd y tramwyfeydd, gan ymweld â phob mynedfa a chan wthio ei ben heibio i'r drysau bach a arweiniai i ystafelloedd cefn y siop. Meddyliais: mae e fel anifail gwyllt; nid yw'n gyffyrddus yn unlle nes gweld sut y gall ei amddiffyn ei hun yno neu ddianc oddi yno; rhaid iddo fod yn feistr ar bob man mae'n mentro iddo.

Trwy byrth gwydrog chwythwyd gwragedd allan, sugnwyd eraill i mewn. Llifent yn ddibrotest ar hyd y llwybrau a ddarparwyd iddynt, yn araf a phwrpasol, yn ddall ond i'w dibenion dyddiol eu hun.

Roedd Wil yn fodlon bellach ar gynllun y siop, a throdd ei sylw at y nwyddau: silffeidiau o liwgarwch a boenai'r llygaid; coch, glas, melyn yn ymestyn hyd derfyn golwg.

Cododd becyn a'i ddangos imi; ar y clawr roedd llun tatws stwnsh, wedi'u pentyrru mewn llestr pridd, a sbrigyn persli ar eu pen. "Y llun 'ma...dyna sy yn y bocs?"

"Mwy neu lai."

Dechreuodd rwygo'r clawr.

"Paid!" meddai Siân. "Alli di ddim agor rhywbeth heb ei brynu."

Hedodd hanner gwên dros wefusau Wil. "Sdim arian gen i."

Cododd eitem ar ôl eitem a syllu arnynt yn araf deg; doedd dim codi brys arno. Dim ond y lluniau allai ddweud wrtho am y cynnwys, oherwydd ni fedrai ddarllen yr un llythyren. Pan godai dun neu jar, hoffai fwytho'r defnydd llyfn â blaenau'i fysedd.

Sylwais fod y gwragedd yn ei lygadu wrth fynd heibio, gan synnu at ei olwg chwim a dieithr. Ond am ei fod mor ddieithr, ni fentrai neb ymyrryd ag ef.

Y bwydydd a ddiddorai Wil fwyaf oedd y rhai heb orchudd arnynt: caws, pysgod, cig ffres. Lwcus fod y rheina dan gownteri gwydr, allan o gyrraedd ei fysedd synhwyrus.

Yn sydyn sylwodd Siân fod holl bocedi anorac Wil wedi chwyddo. Wrth roi ei llaw ynddynt, tynnodd i'r golwg jariau o wynwyn, marmalêd a jam mefus, a bocs o siocledi.

"Paid dwyn pethau!" meddai hi'n llym. "Neu mi fyddwn ni i gyd mewn trwbwl." Dododd hi'r nwyddau'n ôl ar silff gyfagos.

Daethom at encil lle'r oedd menyw yn gwerthu ffrwythau a llysiau ffres. Roedd rhai – tatws, ffa, afalau ac ati – yn hen gyfarwydd gan Wil, am iddo ddwyn eu tebyg o'n gerddi. Ond roedd eraill, megis ffrwythau ciwi ac afalau pîn, yn hollol estron iddo.

Pwyntiodd at lond bwrdd o fananas mawr melyn. "Fi'n cofio'r rheina," meddai. "Mi ges i un erstalwm. Maen nhw'n dda."

Yn sydyn camodd ymlaen, cipio banana, a'i agor.

"Hei! Gad i hwnna fod!" protestiodd y fenyw.

Trodd Wil ar ei sawdl a dechrau ffoi.

"Dere'n ôl!" gwaeddodd y fenyw, ac o weld y ffrwgwd ceisiodd rhyw wraig gau llwybr Wil â'i throli.

Neidiodd Wil ar ben y troli, ac oddi yno i ben crib y silffoedd agosaf, ac yna i'r grib nesaf. Gwelwn ei neidiau'n pontio o grib i grib, i fyny ac i lawr ar draws y siop, a chlywn duniau'n sboncio a photeli'n malurio. O'r porth pellaf, daeth sgrech merch ifanc, a thincial arian wrth dywallt hyd y llawr. Yna caeodd drws, gan adael llond siop o siarad syn.

Sleifiodd Dai a Siân a minnau am y fynedfa, cyn i neb feddwl am ein hatal. Aethom adref heb geisio dod o hyd i Wil eto; tybiem mai dyna oedd y cynllun mwyaf diogel, iddo ef ac i ninnau.

10. DAN DDAEAR

Nid oedd Wil byth i'w gael yn y dderwen mwyach, o leiaf pan aem ni yno i chwilio amdano. Hyd y gwn i, ni wnaeth yr un cynnig i gysylltu â ni, ac roeddwn i'n teimlo'n eithaf anniddig oherwydd hynny.

Ar un o'n hymweliadau ofer, cwrddasom â Jane Hughes yn dod o gyfeiriad y dderwen. Edrychodd arnom yn oeraidd, a mynd heibio heb siarad.

Un bore Sadwrn, wrth i Siân, Dai a minnau rodio ar hyd canol stryd fawr y dref (nad oes ceir yn cael mynd arni), sylweddolais yn sydyn fod cysgod wrth ein hochr. Doedd gen i ddim syniad ers faint y bu yno. Wil ydoedd, wrth reswm.

Ond roedd yn bur wahanol i'r Wil a adwaenem, o ran ei olwg, ta beth. Yn lle dillad Dai, roedd yn gwisgo cot lwyd at ei benliniau, jîns hanner-newydd, ac esgidiau brown: dillad fel roedd pawb o'n hoedran ni yn eu gwisgo yr adeg honno, ac mewn lliwiau disylw. Ac roedd wedi llwyddo i lyfnu ei wallt. Roedd wedi'i wneud ei hun mor anweledig yma ymhlith pobl y ddinas ag y bu gynt ymysg coed y fforest.

"Wil!" meddwn. "Beth wyt ti'n wneud fan hyn?"

"Siopa," meddai. "Chi isio dod?"

Aethom ar ei ôl i mewn i siop fawr, i fyny grisiau symudol, yna rhwng rhesi o ffrogiau a *lingerie*, rhwng byrddau a chadeiriau, llenni a gwelyau. Ymhen ychydig gwelais fod dan ei fraich glustog felen nad oedd yno pan

84

ddaethom i mewn.

Meddyliais: Gall Wil ddianc oddi yma gyda'i ysbail, dim problem. Ond beth amdanon ni?

Daethom i gornel fach dywyll rhwng gwely a gwardrob, llecyn diarffordd. Roedd yno ddrws, wedi'i bapuro'n unlliw â'r waliau; fuaswn i ddim wedi sylwi arno oni bai i Wil ei agor inni.

Aethom trwyddo. Cawsom ein hunain mewn ystafell lydan gyda phentyrrau o ddillad a chelfi hyd y to. Roedd y golau'n wan, a'r awyr yn fwll gan arogleuon cwyr a brethyn.

Caeodd Wil y drws ar brysurdeb a miwsac y siop. Rhywle yn nistawrwydd y storfa clywem sodlau'n clecian ar lawr.

Ar flaenau'n traed dilynasom Wil rhwng y nwyddau at ddrws arall.

Nawr roeddem yn cerdded ar hyd coridor carpedog. Trwy ei waliau gwydr gwelem swyddfeydd agored, lle cododd ambell fenyw ei phen i'n gwylio ni'n mynd heibio. Ond ni thrafferthodd neb i'n holi.

Aethom trwy ddrws gwyrdd ac allan, er syndod imi, i'r awyr iach. Roeddem yn sefyll ar staer haearn, a stryd gefn ryw ddeulawr oddi tanom: diogelwch.

Ond trodd Wil at i fyny, a ninnau wrth ei gwt, yn dringo ac yn dringo, ar y staer igam-ogam, a'r wal wrth ein hysgwydd, a'n gwynt yn ein dwrn, nes cyrraedd to gwastad yng ngodre'r cymylau.

Safasom, gan adael i'r chwys sychu ar ein talcenni.

Uwch ein pennau roedd gwynt oer yn chwipio rhwng gwifrau a simneiau; ond roeddem ni mewn man llonydd, yng nghysgod parapetau ac adeiladau talach. Ymhell islaw symudai pennau'r bobl fel llwch mewn heulwen.

Yng nghornel y to roedd ysgol. Aeth Wil â ni i fyny hon i'r to nesaf, ac oddi yno ar daith o do i do ar hyd y bloc. Tramwysom doeau gwastad a thoeau ar oleddf, toeau uchel a thoeau is, toeau o blwm, o lechi ac o goncrit, a rhwydwaith gwyntog o risiau a llwybrau yn ein tywys yn rhwydd o'r naill i'r llall.

Roedd arwyddion bywyd ar y toeau hyn: celfi awyr iach yn disgwyl am eu paent gwanwynol; potiau blodau; bordyn dartiau ynghrog wrth ddrws pren; gôl bêl-droed wedi'i phaentio ar wal. Wrth basio sied hir, clywsom gawod o gleciadau, a chael cip ar ddau ddyn mewn menig clustiau yn saethu llawddrylliau at darged. Unwaith bu bron i Dai syrthio i bwll nofio bach sych, a'i waelod yn gronfa papurach a dail.

Yng nghanol y toeau daethom ar draws tŷ unllawr gosgeiddig. Rhwng y llenni gwelsom gadeiriau esmwyth, lluniau llachar ar y muriau, carpedau trwchus. Roedd gwraig yn eistedd ar ei phen ei hun wrth far llawn poteli, yn arllwys diod iddi'i hun. O amgylch y tŷ roedd gardd helaeth gyda gwelyau blodau a lawnt, pysgod aur mewn llyn bach, a chath ar y lan yn gwylio'r pysgod. Roedd yno goed bythwyrdd yn tyfu mewn tybiau, a meinciau yng nghysgod y coed. Yng ngwaelod yr ardd safai arsyllfa gron, a chlamp o delisgop yn sbecian drwy'r to tua'r nen.

Roedd cartrefi eraill ymhlith y toeau. Mewn un cornelyn gwelsom gwt wedi'i lunio o flychau a sitenni plastig. Yn ei ymyl gorweddai ci ynghlwm wrth raff, a chwyrnodd wrth inni fynd heibio. Yn nes ymlaen daethom at gaban twt o frics a mortar, a mwg yn esgyn o simnai fach. O flaen y drws roedd gwraig dew yn golchi dillad mewn bwced ac yn eu dodi allan ar lein.

Ar hynny clywsom waedd fygythiol. Dau do i ffwrdd roedd dyn mewn lifrai las yn ysgwyd ei ddwrn arnom.

Byddai lifrai las bob amser yn codi braw ar Wil.

"Dewch, gloi!" meddai, gan ein rhuthro o'r golwg y tu ôl i adeilad uwch. Agorodd e ffenestr, a neidiasom i mewn i atig llychlyd.

"Pwy oedd y dyn 'na?" holodd Dai.

"Ceidwad y to, siŵr o fod," meddai Siân. "Hwnnw sy'n cadw pobl rhag torri i mewn i'r adeiladau."

Aethom ar hyd coridor isel at ben staer. Gwelwn y grisiau'n disgyn, disgyn o gylch pwll diwaelod. Yng nghanol y pwll roedd lifft yn hofran; ond gwyddwn na wnâi Wil fyth fentro i hwnnw.

Wrth inni gychwyn i lawr y grisiau, gofynnodd Siân: "Fyddwn ni byth yn dy weld di yn y goedwig mwyach, Wil; a fedri di ddim byw ar y toeau oherwydd y ceidwad. Felly ble *rwyt* ti'n byw?"

"Dewch i weld," meddai fe.

Disgyn a throi, o lawr i lawr, nes bod ein coesau bron â diffygio. Gwelsom gyntedd, a'r stryd y tu allan, ond daliasom i ddisgyn.

Ymhen ychydig daethom i seler gynnes, lle safai anferth o ferwedydd boliog, fel creadur byw grymus a hunanfodlon, yn suo canu wrtho'i hun. O gorun ei ben estynnai pibellau tentaclog i bob cyfeiriad.

Yng nghysgod y berwedydd, plygodd Wil a chodi caead, gan agor twll du yn y llawr. Gwelem ysgol fetel yn cychwyn i lawr y twll, a phennau'r ffyn wedi'u claddu yn y muriau.

Un ar ôl y llall, dringasom i mewn i'r düwch. Wil ddaeth yn olaf, gan gau'r caead ar ei ôl. Galwodd: "Pan ddowch i'r gwaelod, peidiwch symud."

Ar ôl ugain gris roedd ein traed ar dir cadarn, mewn tywyllwch distaw.

Ond nid yn hollol ddistaw. Roedd 'na ryw furmur aflonydd, prin yn hyglyw.

Na chwaith yn gwbl dywyll. Roedd llond yr awyr o lewyrch llwyd, gwannach na golau'r sêr.

Roeddem yn sefyll mewn twnnel crwn, ar lan afon fach. Dŵr llamsachus, ffosfforaidd yr afon oedd tarddle'r golau a'r sŵn.

Yr ochr draw i'r afon roedd cwch fflat, ynghlwm wrth faen. Tynnodd Wil hwn atom â pholyn, a chroesasom i'r lan bellaf.

Dechreusom gerdded i fyny'r afon, ar hyd palmant cul, dan do isel, rhwng muriau llysnafeddog; y cyfan wedi'i lunio o briddfeini pwdr, gyda llawer clwt o goncrit.

Gwelsom gychod eraill wrth y glannau. Yn y rhain,

meddai Wil, roedd y gweithwyr a atgyweiriai'r twnnel yn cludo eu defnyddiau.

Droeon clywais draed bach ar garlam, neu sblash o ddŵr, neu synhwyrais gysgod yn gwibio heibio i'm hesgidiau; a gwyddwn gyda chryndod mai llygod mawr oedd yno. Unwaith gwelais gath yn prowlan ar ysgafn droed; heliwr cyhyrog a ffodd wrth inni nesáu.

O bryd i'w gilydd agorai twnnel llai ar ein twnnel ni, a phasiai nant dan y palmant i'r afon.

Wedi cerdded ymhell, gwelsom hanner pont yn estyn o'r wal uwch ein pennau, a ffrwd yn rhaeadru o'r bont i'r afon. Wrth inni fynd dan y bont, roedd y rhaeadr fel llen wrth ein hymyl. Y tu hwnt i'r bont aeth y twnnel yn fwy cyfyng.

Ychydig wedyn roedd rhaid croesi'r afon ar gerrig sarn.

"Gan bwyll, mae'n slic," meddai Wil.

Llithrodd Dai i'r dŵr, ond dim ond at ei benliniau; rhyfeddais fod yr afon mor fas.

Arweiniodd Wil ni o'r prif dwnnel i mewn i labyrinth o fân lwybrau dudew, a phawb, fel llygod dall, yn cydio yng nghwt y person o'i flaen. Nid oedd nentydd yn llifo trwy'r twneli hyn; ond roedd y toeau a'r muriau yn gwasgu'n glòs. Am gyfnod buom yn dringo, ac unwaith clywais drafnidiaeth uwchben; yna aethom ar i lawr drachefn.

Troesom lawer cornel, a sylweddolais, oherwydd chwaon gwynt o'r ochr, fod 'na gorneli nas troesom.

Yn ddisymwth, dyma Wil yn sefyll. Bu sŵn crafu a dringo, wedyn golau.

Roedd y golau'n dod o dwll fymryn dan y to; o

gannwyll. Yn ymyl y gannwyll, dangosodd Wil ei wyneb.

"Dewch i fyny," meddai, a'n tynnu ni i mewn fesul un.

Roeddem mewn ogof, neu ystafell. Yng ngolau'r gannwyll gwelais gylch o lawr pridd; a chysgod; ac yn y cysgod, myrdd o ronynnos goleuni, fel pryfed tân. Roedd y llewyrch yn dod o addurnau pres, wedi'u hoelio wrth y muriau. Rhaid bod Wil wedi casglu'r rhain i sirioli'i lety; a bod rhyw siopwr yn pensynnu am ei stoc.

Gwelwn hefyd lieiniau a chlustogau, o doriad cyfoes; ond yn ddi-liw oherwydd y gwyll.

Dan y lieiniau roedd siapiau caletach: dau fwrdd sgwâr a nifer o feinciau.

Hawdd oedd gweld mai hen seler oedd hon. Ar hyd y waliau roedd casgenni pren, poteli llychlyd. Dringai grisiau carreg at ddrws ger y to; ond roedd y twll wedi'i gau â phriddfeini, a'r rheiny hefyd yn hen. Unwaith bu dynion yn meddwi'n ddirgel yma, tybiais: amser maith yn ôl.

Roedd yr awyr yn sur a llaith; gwahanol iawn i awyrgylch y dderwen.

"Pam yn y byd wyt ti'n dewis byw fan hyn?" meddai Siân.

"Achos y siopau...Mae popeth wrth law..."

Gwir bod gan Wil bentyrrau o duniau a jariau a dillad yma; cyfoeth mewn lle trist.

"Ei di'n ôl i'r goedwig?"

"Pan ddaw'r tywydd mwyn."

Pan droesom am adre, daeth Wil gyda ni i ddangos y

ffordd. Roedd yn ffordd wahanol i'r un y daethom, ac yn symlach na hi, a dywedodd Wil wrthym am ei dysgu ar gof, fel y medrem ymweld ag ef eto. Hanner canllath y tu hwnt i'r seler, cwrddodd y twnelyn ag ail afon, lle cymerasom gwch, a hwylio gyda'r llif am ryw chwarter awr. Yna clymodd Wil y cwch wrth lanfa, ac agor caead dur yn y to uwchben. Dringasom allan i ganol dryswch o lwyni a chrawcwellt, ac wedi ymryddhau o'r rheiny, dyna ni ar ymyl parc yng ngwaelod y cwm, cwta filltir o'n cartrefi.

Aethom ddwywaith i weld Wil, ond roedd yn daith flin i lecyn diflas, a'r ail dro doedd Wil ddim gartref. Yna, tua diwedd mis Chwefror, daeth eira mawr.

Tyfodd cymylau yn y gogledd, ac araf oresgyn yr wybren i gyd. Disgynnodd llen dros ochr bella'r cwm, a dawnsio tuag atom, gan guddio'r llethrau gyferbyn, yna'r dref, ac o'r diwedd lyncu ein tai ni mewn tywyllwch claerwyn. O glydwch y stafell gefn sbiais allan ar y plu diorffwys, a llanwyd fy nghalon â'r cyffro cyfrin hwnnw nad yw'n perthyn i ddim ond eira.

Peidiodd â bwrw ganol prynhawn, ac wrth i Siân a Dai a minnau daflu peli eira at ein gilydd yn y cae, gallem weld islaw frwydrau plant y cwm, a'u cestyll a'u cesig eira, a'u hetiau coch a glas yn gwibio dros y gwynder; a chyrhaeddai murmur gweiddi atom.

Gyda'r hwyr dechreuodd fwrw eto, a pharhaodd am ddeuddydd, yn drobwll gwyn trochionog a chwyrlïai a thasgu o gwmpas y tŷ. Nid oedd na gweld trwyddo na mentro iddo.

Pan beidiodd â bwrw y tro hwn, roedd yr ardd wedi magu llawr llyfn newydd o eira, cydwastad â sil y ffenestr. Roedd pebyll eira yn lle coed ffrwythau, twyni yn lle llwyni, a'r cyfan yn unlliw wyn.

Agorais ffenestr fy llofft, a chlywed y tawelwch puraf, glanaf erioed; dim sŵn trafnidiaeth, na gwaith, na phobl; fel pe bawn wedi colli fy nghlyw.

Wedyn, do, clywais ambell sŵn: gwich, craitsh a dwndwr ceinciau'r goedwig yn chwalu, gan sarnu eu llwyth o eira.

Gwneuthum esgidiau eira o ddwy astell, a sglefrio i waelod yr ardd i weld y byd. Roedd adeiladau'r cwm wedi colli eu traed a gwisgo hetiau uchel, a phrin y medrwn eu hadnabod.

Aeth y tywydd yn oer iawn, a gwrthodai'r eira ddadmer. Roedd erydr eira i'w clywed beunydd yn llafurio ar strydoedd y dref. Ar ôl wythnos ymladdodd aradr anferth i fyny o'r drafffordd, gan arwain chwe lori fwyd; ond pa les oedd hynny i ni, yn gaeth ar ochr y mynydd?

Dringodd aradr yr allt at ein tai ni, gan balu ffos i gerddwyr yn unig, a thaflu'r eira'n bonciau uchel o boptu'r lôn. Difyr oedd dilyn y fath lwybr rhyfedd, a mynnai'r holl deithwyr gyfarch ei gilydd, hyd yn oed dieithriaid.

O ddydd i ddydd âi'r eira'n llwytach, butrach, nes inni lwyr ddiflasu arno.

Ond un bore ym mis Mawrth, cododd awel fwyn, gan

ganu dros y llechwedd a'r erwau oer, a datgan y gwanwyn.

Ar unwaith, penderfynodd Siân a Dai a minnau fynd i ddweud wrth Wil. Aethom i lawr yr allt, lle roedd nadredd bach o wlybaniaeth eisoes yn ymlusgo o fôn y ponciau. Gwisgasom ein hestyll eira, a llithro dros y parc i'r clwstwr llwyni.

Roedd olion traed yn croesi'r parc o'n blaen: traed ysgafn, a fu'n damsang plisgyn yr eira heb ei dorri. Ac nid oedd eira ar y caead dur.

Dan ddaear, roedd yr afon yn llawn; ac âi'n llawnach wrth inni fynd ymlaen. Dechreuodd ruthro a ffromi, a chodi dros y glannau i frathu'n traed.

Yna daeth cwch fflat yn marchogaeth y garwddwr tuag atom; a ffigwr cwmanog fel joci yn y starn, yn llywio â pholyn.

Jane Hughes oedd y joci. Ond beth oedd y geiriau a waeddodd atom wrth i'r dyfroedd ei sgubo heibio?

Nawr roedd tonnau'n golchi'r palmant, a chrochlef y dŵr yn boddi'n lleisiau, a'r llif yn tynnu'n fferau, yn llyfu'n penliniau. Ond roedd hi'n rhy hwyr i droi'n ôl.

Wrth geg twnelyn Wil, dyna Wil ei hun yn sefyll. Roedd yn dal cwch gerfydd rhaff, yn erbyn crafangau'r dilyw. Roedd y cwch yn gyforiog o duniau, llieiniau, addurnau.

Rhythodd Wil yn syfrdan arnom. "Chi?…Welwch chi ddim?…Mae'r eira'n dadmer…"

"Sut mae dianc oddi yma?" gwaeddodd Siân uwch twrw'r dŵr.

Edrychodd Wil ar y cwch, ac ar y nwyddau, yn bendrist.

Yna gollyngodd y rhaff, a chipiodd y cerrynt y cwch, gan ei ddrybowndio o ochr i ochr yn erbyn muriau'r twnnel. Cyn hir byddai cyfoeth Wil yn cerdded gwely'r afon fel esgyrn y meirw.

Aethom ar hyd y twnelyn, a dringo trwy'r twll i'r seler; a chyneuodd Wil gannwyll. Roedd yr holl gysuron a gasglwyd yno wedi mynd. Chwaraeodd y golau melyn ar fyrddau a meinciau moel, poteli, casgenni, llwch.

Am faint byddai'n rhaid inni aros yma?

Clywem ddŵr yn y twnelyn; ambell don fach, yna llif cyson. Sŵn gofidus.

Saethodd tafod o ddŵr i mewn i'r seler. Wedyn, fel sêr yn diffodd, dechreuodd priddfeini gwympo o'r wal.

Rhaid bod y mortar i gyd wedi pydru.

Ymledodd dŵr dros lawr y seler; aethom i eistedd ar y grisiau, wrth droed y drws brics.

O un i un daeth y casgenni a'r poteli'n fyw, gan daro yn erbyn ei gilydd ag aml glonc trwm.

Torrodd Siân botel ac ymroi i grafu'r mortar rhwng priddfeini'r drws. Gwnaethom bawb yr un fath. Ond roedd y mortar hwn yn iach, ac yn gyndyn iawn i ildio i fin y gwydr.

Cofiais am stori a ddarllenais un tro, am agor arch a darganfod cripiadau ewinedd y tu mewn. Tybed a welai rhywun rywbryd ein cripiadau ni?

Codai'r dŵr, gan chwyldroi a chynddeiriogi ar hyd y seler. Gwnaeth dwll mewn pared, a llifo i'r seler nesaf. Gwnaeth dwll yn y llawr, a throelli i ryw wagle islaw.

Oedd sylfeini'r dre'n malurio?

Codai'r dŵr, a chrafem y mortar am ein heinioes.

Yna crynodd y drws brics dan ergyd nerthol. Ergyd eto, a ffrwydrodd y drws yn chwilfriw. Daeth llaw fel rhaw trwy'r bwlch a'n cythru ni allan.

Roeddem mewn goleuni disglair, mewn storfa; dan siop efallai. Gwelwn John Cawr, yn pwyso ar ordd; a Jane Hughes; a dyn â gwep syn; a Sarjant James yr heddwas; a rhaeadr o ddŵr yn llifo i lawr y staer i'r storfa.

"Rwy eisiau gair bach â'r plant 'ma," dechreuodd y Sarjant. Ond rhoddodd John hwth iddo, a'i ddymchwel ar wastad ei gefn yn y llyn.

"Diflannwch!" chwyrnodd John Cawr wrthym.

Roedd y stryd yn ferw o ddŵr lleidiog, ac injans tân, a phobl yn ceisio achub eu pethau. Sleifiasom o ddrws y siop heb i neb sylwi arnom, a sblasho tuag adref.

11. YR YSGOL

Un prynhawn Sul, aethom i grwydro yn y goedwig. Roedd y gwanwyn yn ei anterth: paent y deilios ar lwyn a choeden; heulwen yn britho'r pridd; popeth yn ffres ac yn olau.

Clywsom gnocell y coed a chân cwcw. Roedd y ddraenen wen yn lluwchfa o flodau.

Roeddwn i a Siân yn casglu tuswau o friallu a chlychau'r gog, tra dringai Dai a Wil o gangen i gangen am wyau.

Llawen dymor!

Meddai Wil: "Fi eisiau dod i'r ysgol 'na...eich ysgol chi."

"Pryd wyt ti eisiau dod?" meddai Dai.

"Mae'n rhy beryglus," meddwn i. "Fe awn ni i drwbwl ofnadwy!"

Ebe Siân wrthyf: "Rwyt ti wastad yn pryderu gormod, Gwen. Caiff Wil wisgo hen wisg ysgol Dai. Fydd neb yn sylwi arno, cei di weld. Does dim rhaid i ni gadw cwmni iddo."

"Rwy'n edrych ymlaen at smyglo crwt diarth i mewn i'r ysgol," meddai Dai.

Bore Llun, aeth y pedwar ohonom i lawr trwy'r caeau i'r ysgol. Cyraeddasom, yn fwriadol, wrth i'r gloch ganu, ac aeth Siân a Dai a minnau yn syth i'r dosbarth.

Aeth Wil ar sgawt ar ei ben ei hun.

Trwy'r wers gyntaf bûm yn ei ddychmygu yn chwilota'r ysgol; yn prowlan ar hyd coridorau, yn sbecian trwy'r ffenestri, yn clustfeinio wrth ddrysau, yn sleifio i'r ystafelloedd tan ddaear lle na chaem ni'r disgyblion fentro; creadur rhwng crwt a chysgod, yn sicrhau ei ffyrdd dianc.

Amser egwyl, wrth i Dai gicio pêl gyda'r bechgyn, ac wrth i Siân a minnau sgwrsio, bu Wil yn crwydro'r buarth ar ei ben ei hun. Roedd yn gwisgo iwnifform o drowsus llwyd, siwmper las tywyll a thei streip, gyda hen het bêl-fas ar ei ben; a fuasai neb wedi dyfalu nad un o hen gynefinwyr y buarth oedd e – yn stelciwr dihitio, gwargrwm, a'i ddwylo yn ei bocedi. Heb siarad â neb, edrychai'n gartrefol.

Roedd mor anweledig yma ag yn y fforest: nid trwy guddwedd ond trwy ei allu i ymdoddi i'r dorf.

Meddyliais â braw: Ers faint mae'r ddawn hon ganddo? Pan ddaethom gyntaf ar ei draws, doedd ganddo ddim clem sut i ymddwyn ymhlith pobl.

Canodd y gloch ac euthum i'r dosbarth.

Roedd Mrs Morgan wedi gosod traethawd inni ei ysgrifennu ar y pryd, a dyna lle'r oedd pawb wrthi'n ddiwyd, a'n pennau'n pwyso dros ein llyfrau.

Yn sydyn sylwais mai Wil oedd yn eistedd wrth y ddesg y tu ôl imi, a'i ysgrifbin yntau'n cerdded dros y ddalen. Ond allai Wil ddim darllen, heb sôn am ysgrifennu…

Ar ddiwedd y wers safodd Mrs Morgan wrth y drws i gasglu ein llyfrau. Syllodd yn syn ar y llyfr a estynnodd

Wil iddi, a'r tudalen yn llawn sgriblan sgaprwth lle dylsai fod llythrennau.

"Beth yn y byd yw hyn?..." meddai hi. "Ac erbyn meddwl, pwy yn y byd ydych chi?..." Ond roedd Wil eisoes wedi sgipio heibio iddi ac o'r golwg i lawr y coridor.

Roedd Siân a minnau wedi cyrraedd yn gynnar i gael cinio, a nawr roeddem yn eistedd wrth y ffenestr yn bwyta'n selsig a sglodion. Ond doedd dim heddwch i'w gael wrth fwyta, mwy nag unrhyw ddydd arall, oherwydd gweiddi parhaus Mrs Briggs, y brif fenyw ginio: gwraig fawr, ddig, â llais fel injan. Ar y cownter o'i blaen safai rhes o badellau bwyd; a'r ochr yma i'r rheiny llusgai cwt o blant, yn estyn eu platiau, yn talu, yna'n gwasgaru i'w byrddau.

"Saith deg ceiniog!..." bloeddiodd Mrs Briggs. "Mwy o datws! Dim gwthio!..."

Gwyddwn fod Wil yno pan gododd llais Mrs Briggs yn uwch fyth. "Dy arian, plîs!...Ar unwaith!..." Yna "O!" gwichlyd.

Trodd pob pen i edrych. Roedd mynwes anferth Mrs Briggs yn gybolfa o gawl brown seimlyd.

Wil, yn ddi-os, oedd wedi taflu'r cawl. Ond roedd ef ynghudd yng nghanol torf o blant cynhyrfus.

"Ewch rywun i nôl y prifathro!" sgrechiodd Mrs Briggs, rhwng digofaint a dagrau.

Byddai Mr Davies a'r athrawon eraill yn ciniawa yn y stafell nesaf.

Yn sydyn hedfanodd padellaid o sglodion dros y llawr,

yna padellaid o foron: cawod goch ar ben cawod felen.
Ciliodd y dorf yn ôl, a daeth Wil i'r golwg â llond pair o
grefi yn ei law. Roedd y pair yn siglo'n herfeiddiol araf, fel
cynffon cath ddicllon.

Ymddangosodd Mr Davies yn y drws. Edrychodd o'i
gwmpas â llygaid llym: ar y sglodion a'r moron, ar Mrs
Briggs, ar Wil a'i bair.

Pwyntiodd at Wil. "Dewch yma!" arthiodd.

Aeth Wil tuag ato, dan gario'r pair grefi. Doedd e erioed
yn mynd i wagio hwnnw dros Mr Davies...Oedd e?

Hanner ffordd ar draws y stafell, dododd y pair ar lawr.
Llaciodd y tyndra, a chododd ochenaid o ryddhad o blith y
plant. Maen nhw'n tybio bod Wil am ildio, meddyliais.
Ychydig a wyddant!

"Yma!" meddai Mr Davies.

Safodd Wil fel oen o'i flaen; yna rhoes anferth o gic
fileinig iddo yn ei grimog.

Sbonciodd y prifathro ar ei ungoes. Dawnsiodd Wil
heibio iddo, ac allan o'r drws.

"Daliwch y bachgen 'na!" gwaeddodd Mr Davies yn ei
ing.

Bu eiliadau o oedi. Yna sylweddolwyd y fath drwydded
a roddwyd inni: trwydded i ddianc ennyd rhag gormes
ysgol, rhag ein bywydau diflas; i hela fel helgwn; i ruo a
rhuthro fel anifeiliaid y gwastadedd.

Bu crafu cadeiriau, a chlecian traed ar lawr, a llifodd
bechgyn a merched o'r stafell ar rawd wyllt, waeddgar.
Aeth Siân a minnau gyda'r blaenaf, er mwyn helpu Wil os

medrem. A dyna Dai hefyd wrth ein hymyl.

Roedd Wil yn croesi'r buarth, a thybiais y byddai'n mynd yn syth am y mynydd. Ond na – roedd ef, fel y cadno (chwedl rhywrai), yn mwynhau'r helfa. Aeth heibio i'r gampfa, a'r tu cefn i'r stafelloedd crefftau, ac yn ôl dros y maes parcio. Ar ei ôl rhedodd afon o blant, rhai'n cwympo ar eu hwynebau, eraill yn neidio dros y cyrff, pawb yn gweiddi ac yn chwifio breichiau.

Diflannodd Wil i'r adeilad gwyddoniaeth, a ninnau'n dilyn o hirbell.

Roedd y cyntedd yn wag. Ond roedd un drws ar agor; a'r tu hwnt i hwnnw, gwelwn selogion y Clwb Cemeg, gyda'u byrneri a'u pipedi a'u retortau; a neb ohonynt yn malio dim am y rhain, ond yn hytrach yn syllu'n gegrwth tua'r ffenestr bellaf.

Ar y sil safai Wil, yn gafael yn y rhaff hir a reolai'r cwarel uchaf.

Wrth i'r dorf ymlidwyr gasglu yn y drws, neidiodd Wil o'r sil. Â chymorth y rhaff, hedfanodd ar draws y stafell, gan gicio cyfarpar wrth fynd. Gwasgarwyd byrneri a chemegion a gwydr hyd y llawr, a chododd mwg drewllyd a fflamau amryliw. Llamodd Wil trwy ffenestr agored.

Troesom yn ôl, allan o'r adeilad. Bellach roedd Wil yn ei heglu hi dros y cae chwarae, lle roedd carfan rygbi'r ysgol wrthi'n ymarfer: deg ar hugain o gedyrn cyhyrog cyflym, fel y tybient.

"Daliwch y bachgen 'na!" bloeddiodd Mr Davies.

Safodd y chwaraewyr yn rhagfur i dderbyn Wil.

Rhedodd ef atynt, a rhyngddynt, a hwythau'n cipio'n seithug, yn baglu, yn llithro, yn bwrw yn erbyn ei gilydd, ac yn mesur eu hyd ar y glaswellt.

Diflannodd Wil trwy'r gwrych, i gyfeiriad y mynydd.

Y tu ôl inni, roedd tân yn llyfu trwy ffenestri'r adeilad gwyddoniaeth.

Aethom yn ôl i'n cinio. Ymhen rhai munudau dyma injan dân yn gwibio heibio, a'i seiren yn seinio, a thyrrodd pawb at y ffenestri i weld diffodd y tân. Yn fuan wedyn cyrhaeddodd car heddlu ac ynddo Sarjant James, cwnstabl a chi mawr du.

Toc cawsom neges i fynd i ystafell Mr Davies. Clywsom gan hwnnw fod y Sarjant a Mrs Morgan ill dau wedi'n gweld ni yn y dref gyda bachgen tebyg i'r un a achosodd y tân. Wedyn dangoswyd inni het bêl-fas a gollodd Wil wrth ffoi dros y cae rygbi; enw Dai oedd ynddo.

"Thâl hi ddim ichi wadu'ch bod chi'n nabod y crwt 'ma," meddai Mr Davies. "Felly rhaid ichi helpu Sarjant James i ddod o hyd iddo – er lles y crwt ei hun, cofiwch."

"Rwy'n deall hynny, Mr Davies," atebodd Siân yn ddichellgar.

"Yn ôl Mrs Morgan, mae'n byw ar y mynydd," ychwanegodd y prifathro. "Ydy hynny'n gywir?...Yna gwell ichi ddechrau chwilio fan 'na."

12. HELFA

"Ymhellach ymlaen," meddai Siân am y trydydd neu'r pedwerydd tro.

Roedd y ddau blismon yn eistedd yn ffrynt y car, ni'n tri yn y cefn, a'r trywyddgi wedyn y tu ôl i sgrîn wifrau. Buom yn dilyn y ffordd i fyny'r mynydd ers amser, ac wedi gadael ein cartrefi ymhell o'n hôl.

Sarjant James oedd yn gyrru, a hynny'n araf oherwydd ar yr un pryd roedd yn ceisio sbecian i'r coed cyfagos.

"Rydyn ni wedi dod yn bell ofnadwy," meddai'r Sarjant. "Dych chi ddim yn chwarae gêmau â ni, ych chi?"

"Rwy'n gwneud fy ngorau," atebodd Siân yn amwys.

Troi a throsi a dringo a wnâi'r lôn o hyd, gan roi inni aml olwg sydyn ar y cwm, ymhell islaw. Roedd hwnnw'n fwrlwm o heulwen a mwg a tharth euraidd; ac yn y dyfnderoedd edrychai'r dref fel dinas danddwr, yn annelwig a hudolus.

Nawr roedd y lôn yn dilyn ymyl hen chwarel, a'r dibyn ond troedfeddi o fin y ffordd. O'r chwarel, erstalwm, âi llond ceirt o gerrig i godi tai'r cwm. Ond bellach bu'r ceibiau'n ddistaw ers blynyddoedd, ac roedd llwyni'n tyfu o'r talcenni serth.

Yna, wrth inni rowndio tro cyfyng, safodd y Sarjant ar y brêc, mor sydyn fel y brifais fy ngheg ar y sedd flaen.

"Beth yfflon?..." chwyrnodd.

Am ugain llath o'n blaen roedd y lôn yn llyn. Ar y chwith, pistyllai ffrwd fach o'r goedwig. Ar y dde,

102

tywalltodd ffrwd arall, megis o big tebot, i'r chwarel. Rhwng y ddau – clwt llydan o ddŵr lleidiog.

"Rhaid bod y biben wedi torri," meddai Dai. "Mae 'na biben yn cario'r dŵr o dan y ffordd."

"Hwyrach ei bod wedi llenwi â dail," awgrymodd Siân.

"Ara deg biau hi fan hyn," meddai Sarjant James. Aildaniodd y peiriant ac annog y car yn ei flaen yn garcus.

Cododd y dŵr hyd at fogel yr olwyn, ond ddim pellach. Gan ennill hyder, gyrrodd y Sarjant yn gyflymach.

Yn sydyn llyncwyd yr olwynion blaen gan dwll anwel-edig. Er i'r peiriant ruo, a chawod o laid ddallu'r ffenestr gefn, gwrthododd y car symud.

"Ni'n sownd," meddai Dai.

Diffoddodd y Sarjant y peiriant a'i danio eto. Mwy o ruo a lluchio llaid; ond dim symudiad.

"Pawb allan," ebe'r Sarjant.

Bu ystwyrian mawr o ddiosg sanau a sgidiau a thorchi trowsus, yna camu lletchwith i'r dŵr mynyddig oer. Wrth inni agor drysau'r car, llifodd dŵr i mewn.

Cododd y cwnstabl y drws ôl, a sblasiodd y ci allan yn llawen.

Roedd Sarjant James wedi aros yn ei sedd. Nawr, a'r car yn ysgafnach, gwnaeth gynnig ffyrnig arall i'w ryddhau. Nadodd yr injan; llamodd llaid; suddodd yr olwynion; a threiddiodd dŵr i'r peiriant gan ei dewi'n ddiwellhad.

Daeth coesau noethflewog Sarjant James o'r car, a'u perchennog i'w dilyn. "Rhaid gwthio," meddai.

Cydiodd ef a'r cwnstabl yn y bwmper blaen a cheisio

codi'r car tuag yn ôl. Hwpio, straenio, rhegi, ond dim mymryn o lwyddiant. Aeth Dai i'w helpu, yna Siân a minnau. Anobeithiol.

Ymsythodd y Sarjant gan sychu chwys o'i dalcen. "Rwy'n mynd i ffonio am help."

"Does dim angen," daeth llais oddi uchod, a phwy ddisgynnodd o gwr y coed, yn grwm ei war ac yn drwm ei droed, ond John Cawr. A fu'n aros amdanom, tybed? Edrychodd ar y llanastr â diddordeb diniwed, gan anwybyddu Siân a Dai a minnau. "Fe alla i symud hwn ichi," meddai.

"Na! Na!" erfyniodd Sarjant James.

Ond cydiodd John yn y bwmper â'i ddwy law fel dwy raw, a rhoes blwc. Bu sgrech fetelaidd, a daeth y bwmper yn rhydd. Gorffwysai rhwng bysedd anferth John fel pwt o lysywen.

"Drwg gen i am hynny," meddai John, gan daflu'r bwmper i'r clawdd. "Fe dria'i 'to."

"Na! Na!"

Ond gafaelodd John yng ngwaelod y car, a chyhyrau ei freichiau a'i ysgwyddau'n chwyddo. Wedi eiliad o ymdrech, bu sŵn sugno fel bath yn gwagio. Suodd y car yn ôl trwy'r llyn fel cwch modur, gan godi tonnau i'r chwith a'r dde. Daeth i dir sych, ond ni stopiodd. Daeth i fin y ffordd, a dal i fynd. O flaen ein llygaid anghrediniol, hedfanodd i'r gwagle uwchben y chwarel, ac i lawr.

Clywsom glec, a chlec arall, ac yna, wedi ysbaid o dawelwch, un CRAITSH trwm, terfynol. Aethom â pharchedig ofn at ymyl y dibyn ac edrych drosto. Roedd y car yn gorwedd ar lawr y chwarel fel chwilen newydd ei damsang: y drysau'n ymestyn fel adenydd marw; petrol ac oel yn gwaedu. Ymhell oddi wrtho, roedd y pedair olwyn yn dal i sboncio i'r pedwar ban.

"Bobol bach, mae'n ddrwg ddychrynllyd gen i," meddai John Cawr yn gwrtais.

Safai'r Sarjant yn gegagored, yn methu siarad.

"Wel, gwell imi ei throi hi," ychwanegodd John. "Hwyl nawr!" Am amser maith clywem chwerthin croch yn ymbellhau trwy'r fforest.

Gwisgasom ein sanau a'n sgidiau, a chychwyn yn ôl tua'r cwm. Bob hyn a hyn byddai'r cwnstabl yn dal yr het bêlfas wrth drwyn y trywyddgi, ond ni wnâi hwnnw ond tynnu'n eiddgar i gyfeiriad Dai.

Ymhen tipyn daethom at dŷ, ac aeth y Sarjant i mewn er mwyn ffonio'r swyddfa. Daeth allan a'i glustiau'n goch a'i wefusau'n sur.

"Rhaid inni gerdded adre!" meddai.

"Mae'n ffordd hir," sylwodd Dai. Wedi hynny ni siaradodd neb.

Wrth inni nesáu o'r diwedd at y llwybr sy'n arwain i lawr i'r ysgol, dechreuodd y ci blycio'i dennyn, nid i gyfeiriad Dai ond tua'r goedwig.

"Mae wedi codi oglau," meddai'r cwnstabl. Tynnodd y ci ef trwy adwy yn y clawdd, a ninnau i gyd wrth eu sodlau.

Prysurodd y creadur ymlaen, a'i drwyn wrth y llawr, a'i dafod yn diferu, a'i draed mawr yn fflapian, a'i lygaid yn disgleirio â brwdfrydedd gwirion. Chwythai a gwichiai a thynnai'n ddiflino, o lwyn i goeden, o dwyn i bant, gan osgoi pob man dreiniog neu gorslyd yn union fel y gwnaeth ei brae o'i flaen. Prin y gallai'r cwnstabl gadw ei draed dano yn y fath ruthr. Sawl tro bu'n rhaid inni sefyll i aros am Sarjant James.

Roeddem yn dilyn un o lwybrau anweledig y goedwig; ond gwyddwn yn iawn i ble roedd yn tywys.

Ymhen amser trodd y ci ar hyd llwybr sathredig, oedd wedi'i ddiffinio bob yn ddecllath â meini llwyd.

Daethom at fwthyn gwyngalchog, mewn gardd flod-euog, yng nghysgod coed tywyll. Aethom at y drws a disgwyl am y Sarjant.

Toc daeth hwnnw i'r golwg, a'i wynt yn ei ddwrn. Stablodd ar hyd llwybr yr ardd heb edrych eilwaith ar y perlysiau dieithr o'i gwmpas, nac ar y prennau gwyrdd lle gwenai eirin ac orenau, nac ar y rhosod a'r eirlysiau a'r fil o flodau annhymorol a liwiai'r encil megis tapestri. Cnociodd yn uchel ar y drws â'i bastwn, dair gwaith.

Agorodd y drws a safai Jane Hughes o'n blaen, yn hen wreigan bitw fach, mewn sgert ddu at ei fferau, a'i chroen yn grychiog fel afal llynedd.

"Diar annwyl, yr heddlu!" meddai'n ddigyffro.

"Oes crwt wedi dod i'r tŷ 'ma heddiw?" holodd y Sarjant.

"Dyna pam mae'r ci gennych? I hela plentyn?"

"Gawn ni chwilio'r tŷ?"

Safodd Jane Hughes o'r neilltu, ac aethom i mewn i gegin fawr dywyll: y tro cyntaf imi fod yn y tŷ hwnnw. Roedd yr awyr yn drwm gan arogleuon cyfrin, rhai'n felys, rhai'n chwerw, ac roedd tân coed yn ffrwtian ar yr aelwyd.

Aeth y cwnstabl o stafell i stafell. "Neb yma," meddai.

"Rych chi wedi blino," ebe Jane Hughes. "Gymerwch chi banaid?"

"Wel...Diolch," meddai Sarjant James.

"Eisteddwch."

Aeth Jane Hughes allan i'r gegin fach. Cyn iddi gau'r drws, cefais gipolwg ar estyll llawn potiau pridd, ac ar resi o grochanau mawr boliog.

Ar wasgar trwy'r gegin fawr roedd cadeiriau pren, heb fraich na chlustog. Eisteddodd pawb yn anesmwyth ar un o'r rhain, tra gorweddai'r ci yn foethus o flaen y tân a'i drwyn wrth ei gynffon, yr unig un oedd yn edrych yn gartrefol.

Gallwn weld, er gwaetha'r gwyll, fod y stafell hon yn hynod o hynafol. Gorffwysai to gwellt ar drawstiau pren, a godai o furiau carreg trwchus, a dyfai o lawr pridd, a hwnnw wedi'i daenu â matiau hesg. Roedd y ffenestri'n fach ac yn grintachlyd o'u golau, ac ym mhob cornel gwelwn ganwyllbrennau'n disgwyl am y nos. Crogai ystlysau o gig o fachau yn y trawstiau, a dangosai dresel uchel silffaid ar ben silffaid o lestri copor a dysglau glas. Yng ngwaelod y ddresel gorweddai casgliad o lyfrau â rhwymiad lledr.

Cerddodd pâr o hwyaid o flaen yr aelwyd, un ohonynt yn llusgo'i haden; ond anwybyddodd y ci hwy.

Dododd Jane Hughes hambwrdd â phum cwpan ar y ford. Yn yr anwedd a godai o'r cwpanau, canfûm bersawr rhyfedd.

"Dyma chi," meddai Jane Hughes. "Te perlysiau."

Pa swyn mae hi'n ei fwrw arnom nawr? meddyliais.

Cymerodd Sarjant James lymaid. "Mae'n dda."

"Fe ro i ddysglaid o ddŵr i'r ci hefyd, druan bach."

Ni syrthiodd neb i gysgu, na disgyn oddi ar ei gadair, ac ni hedfanodd oriau heibio. A phan godasom i fynd, llwyddodd ein coesau i'n cynnal.

"Rhowch sniff o'r het i'r ci 'to," meddai'r Sarjant wrth y cwnstabl pan gaeodd y drws o'n hôl.

Ond doedd gan y ci ddim diddordeb yn yr het mwyach. Aethpwyd ag ef o gylch ac o gylch y bwthyn, ond ni fedrai godi trywydd o gwbl, nac yno nac ar y ffordd adref chwaith.

"Prins bach, beth sy'n bod arnat ti?" cwynodd y cwnstabl.

Wedi cyrraedd y lôn, nid nepell o'r ysgol, cafodd Dai ei het yn ôl, ac ymadawodd y ddau heddwas am eu swyddfa. Nid cynt y cawsom eu cefnau nag yr aethom ar ras i chwilio am Wil yn ei dderwen; ond pan ddaethom at y crugyn gwyrddlesni a guddiai'r dderwen, yn fynydd solet o flodau a dail a brigau, ni allem ddarganfod y ffordd i mewn iddi. Er chwilio a chwilio, ni fedrem gael arlliw o'r porth dwy onnen.

"Mae'r llwybr wedi'i gau," meddai Siân o'r diwedd.

"Yn erbyn yr heddlu?" meddai Dai.

"Yn ein herbyn ni, rwy'n meddwl."

Cododd arswyd ynof.

Ymhen ychydig dechreuodd cysgodion hwyrddydd ddisgyn.

"Gwell inni siarad â Jane Hughes," penderfynodd Siân.

Ar y gair, ymddangosodd honno o'r coed y tu ôl inni, a basged yn ei llaw.

"Mae'r ffordd at y dderwen wedi'i chau," ebe Siân.

"Nid i mi," atebodd Jane Hughes.

"Gawn ni ddod i mewn gyda chi?"

"Na chewch. Dyw Wil ddim am eich gweld chi. Mae'n dweud mai chi yw'r achos bod yr heddlu yn ei erlid. Mae'n dweud y dylech chi fod wedi ei rybuddio bod mynd i'r ysgol yn beryglus. Mae'n teimlo eich bod chi wedi'i fradychu."

Roeddem yn fud, yn methu credu ein clustiau.

"Rydych chi wedi gwneud drwg mawr iddo," ychwanegodd Jane Hughes yn yr un llais digynnwrf. "Roedd e'n hapus ac yn ddiogel yn y goedwig. Doedd dim yn gallu tarfu arno na'i frifo. Nes i chi ymyrryd."

"Wnaethon ni ddim ymyrryd!" ebychodd Siân. "O'r dechrau, y fe oedd eisiau ein nabod ni!"

"Roedd e eisiau hwyl a chwmni," meddai Dai. "Roedd e'n ddiflas ar ei ben ei hun."

"Roedd e eisiau ffrindiau," meddwn i.

"Ffrindiau?" meddai Jane Hughes. "Onid ataf i a'r Cawr

y daeth yn awr cyfyngder?"

"Chi droiodd Wil yn ein herbyn!" gwaeddodd Siân. "Chi gaeodd y porth! Rydych chi'n genfigennus! Rydych chi'n genfigennus am fod Wil yn hoffi bod gyda ni, nid gyda chi! Ond mae ganddo hawl i ddewis ei ffrindiau ei hun!"

"Nid yw'n perthyn yn eich byd chi, na chithau yn ei fyd ef," sibrydodd Jane Hughes.

"Fe ddaw'n ôl aton ni," meddai Siân. "O gwnaiff!"

"Credwch fi neu beidio, ond fe wnaiff yn union fel y bydd ef ei hun yn dewis," terfynodd Jane Hughes, gan gamu tua'r crugyn gwyrddlesni. Agorodd llwybr o'i blaen a chau ar ei hôl, a ninnau'n dal ar y tu allan.

Roedd hi'n nos pan gychwynasom tua thre, a'r goedwig yn bygddu, ond ni chawsom mo'r trafferth lleiaf i olrhain y ffordd. Nid yw mieri a chorsydd a chlogwyni'n cyfrif dim inni. Nyni yw meistri'r goedwig.

Prynhawn Gwener yn y dosbarth: amser atgofus. Ar gae a mynydd mae hi'n heulwen haf, ond caiff Mrs Morgan berffaith lonydd i roi ei gwers.

Wedi'r ysgol, aiff Siân a Dai a minnau i'r goedwig i chwilio am Wil. Buom yno lawer gwaith yn barod, ond yn ofer. Ond cawn hyd iddo eto cyn hir, rwy'n siŵr. Efallai heno.